CW00494186

Di Ferzan Ozpetek negli Oscar

Rosso Istanbul
Sei la mia vita

FERZAN OZPETEK

ROSSO ISTANBUL

© 2013 Arnoldo Mondadori Editore S.p.A., Milano
© 2015 Mondadori Libri S.p.A., Milano

I edizione Strade blu novembre 2013
I edizione Oscar bestsellers ottobre 2014

ISBN 978-88-04-67207-4

Questo volume è stato stampato
presso ELCOGRAF S.p.A.
Stabilimento - Cles (TN)
Stampato in Italia. Printed in Italy

 oscarmondadori.it

Anno 2021 - Ristampa   13 14

librimondadori.it

Rosso Istanbul

A mia madre,
a Simone,
perché davvero l'amore
è la cosa più importante
della vita

«Non dimenticate mai che la cosa più importante non è come vivete la vostra vita. La cosa che conta è come la racconterete a voi stessi, e soprattutto agli altri. Soltanto in questo modo, infatti, è possibile dare un senso agli sbagli, ai dolori, alla morte.»

Harem Suaré

Fa caldo. Mi siedo in aereo, allaccio la cintura di sicurezza. Come mai fa così caldo? Non dovrebbe, in aereo. Forse mi sono portato quest'aria immobile e pesante da fuori. È una serata calda a Roma, ma so che mi accoglierà un vento fresco nella città che mi aspetta: Istanbul. Dove mi aspetta la mia vecchia casa. La villa antica e bianca in cui sono cresciuto e che ho lasciato, e non avevo ancora diciott'anni. Ma in un qualche modo, sempre casa. Si lasciano mai le case dell'infanzia? Mai: rimangono sempre dentro di noi, anche quando non esistono più, anche quando vengono distrutte da ruspe e bulldozer, come succederà a questa.

Chiudo gli occhi. Sono stanco. Non so più quante volte ho preso quest'aereo, questo e altri aerei, per tornare a Istanbul. E dire che un tempo l'orizzonte del mio mondo era tutto chiuso dentro un giardino con due grandi tigli, che in primavera, a Istanbul, quando sono in fiore, stordiscono, insieme alla brezza che arriva dal mare. Se chiudo gli occhi riesco ancora a sentirlo, quel profumo.

Kalamış, il nome del mio vecchio quartiere, ha la «esse» dolce; mi basta pronunciarlo per tornare indietro nel tempo. Indietro fino a quelle ville con i giardini dove andavamo a giocare. Indietro, quando ancora dalla finestra della mia camera si vedeva l'azzurro del mare. È bello, avere una camera con vista, soprattutto se, lontano, scintilla l'acqua.

Nella mia casa romana non ci sono giardini, né tigli, né orizzonte; solo una terrazza chiusa tra i gasometri. Un paesaggio poco romano ma che amo intensamente, come amo tutto di quella città. Eppure a volte mi ritorna in mente, la finestra dell'infanzia, all'improvviso; quando magari mi sveglio di notte per il jet lag a Tokyo o a New York, e dall'albergo vedo solo grattacieli. Tutto molto lontano da quella villa bianca che presto non esisterà più.

Un fruscio leggero. Un bambino che corre. Rincorre una palla. Possibile? Mi volto appena. Nessuno. Solo il rollio dell'aereo in pista. E poi il silenzio e, nell'aereo quasi vuoto, la hostess con il carrello del caffè.

Chiudo gli occhi. Non ho voglia di caffè, non ho voglia di parlare con nessuno, voglio solo pensare a che cosa mi aspetta, stavolta, a casa. Di nuovo, un fruscio, un lievissimo spostamento d'aria. Ora quel bambino ride, mentre corre veloce lungo il corridoio. Raccoglie la palla e mi guarda: mi guarda dritto negli occhi, ed è come se stessi guardando me stesso. Come se guardassi dritto dal fondo del passato, dritto dal giardino, dai tigli.

Non è solo, quel bambino. Con lui c'è una donna dai capelli biondi; indossa un tailleur grigio, serio, severo; lo sguardo però è dolce, quasi languido. E c'è un signore elegante che porta in mano, come fosse una cosa preziosa, una gondola veneziana: la riconosco, era in una delle credenze di casa, chissà dov'è finita... Per anni ho interrogato quella gondola di vetro soffiato, luccicante e dorata: quando mio padre scomparve, e mi dicevano che era in viaggio, che era andato in Italia. Io lo immaginavo lontano, a Venezia, su una gondola, proprio come quel soprammobile che non avevo il permesso di toccare.

Poi mio padre tornò, misteriosamente. Com'era scomparso, ritornò, senza preavviso.

Un giorno, al rientro da scuola trovai Diamante, la nostra fedele domestica, ad aspettarmi sulla soglia di casa. «C'è una sorpresa per te» mi annunciò sorridendo. Poi mi passò le dita tra i capelli, come se volesse pettinarmi, o forse era una carezza, un tenero gesto d'incoraggiamento. Mi prese per mano e ci incamminammo verso la sala. Dalla porta socchiusa sentivo provenire le voci concitate della mamma e dei miei fratelli. Poi, sopra a tutte, una voce maschile che non conoscevo. Mio padre. Eccolo lì, dopo anni di assenza, seduto in poltrona, indosso una veste da camera di seta bordeaux, con dei piccoli disegni; quella da cui non si sarebbe più separato negli anni a venire.

Mi affacciai nel salotto, incerto, intimidito. Erano trascorsi molti anni, mi aveva lasciato che non sapevo quasi camminare ed ora eccolo, uno sconosciuto. Non avevo neppure il coraggio di abbracciarlo, non l'avrei fatto se mia madre non mi avesse spinto tra le sue braccia.

E Venezia? Di Venezia non parlò mai. Né allora, né dopo. E io non ho mai domandato: i bambini sanno istintivamente cosa chiedere e cosa non chiedere, capiscono se non avranno risposte. Ma quando ci sono andato per la prima volta, a Venezia, la città-labirinto, la città d'acqua, non ho saputo resistere: ho voluto fare un giro in gondola, in omaggio a quel padre, in omaggio al bambino che ero.

Quanti segreti, penso con un sorriso. Misteri mai risolti, segreti di famiglia mai svelati. Crimini veri e crimini del cuore. Forse è per questo che, nei miei film, mi piace raccontarli, quei segreti; svelarli, con dolcezza; scioglierli e spiegarne il perché.

Forse è per questo, soprattutto, che tengo nel portafogli una vecchia cartolina. Una foto in bianco e nero di Istanbul, col bordo smerlato. Si vedono le cupole della Moschea Blu e di Santa Sofia, la curva d'acqua del Bosforo, e lontano, molto lontano – solo lo sguardo di chi ama la può riconoscere – si intravede la mia casa, l'antica villa bianca. Sul retro, la scrittura elegante e sicura di mio padre, con la sua stilografica, che non ha abbandonato mai. Ha scritto solo una data: 1963.

Questa cartolina era il suo segnalibro, e io l'ho presa

quando mio padre è morto, qualche anno fa. L'ho sfilata dal libro che stava leggendo, sul comodino. Da allora è nel mio portafogli. Non è solo un ricordo. È un invito, una promessa. Perché, ovunque io sia, Istanbul mi aspetta. La mia Istanbul, dove sto atterrando adesso.

In aereo

Strano l'uomo seduto vicino a loro sull'aereo. Sembrava che li stesse ascoltando; che li stesse guardando come se avesse davanti un film. Ma certo, Anna si volta piano a osservarlo: è quel regista... Poi si china a raccogliere una cartolina scivolata per terra nel corridoio. Una vecchia cartolina in bianco e nero.

«Questa dev'essere sua», e gliela porge. Vorrebbe aggiungere altro, ma si trattiene.

«Grazie» risponde lui con un sorriso.

Anna è contenta di questo viaggio. Contenta di Istanbul, dove non è mai stata; contenta di non viaggiare, per una volta, da sola; di non ritrovarsi da sola in una camera d'albergo a litigare con l'aria condizionata. Contenta della festa a cui sono invitati, di questa insperata vacanza con suo marito, e anche di stare con loro. Ma sì, anche di stare con loro: il giovane «ragazzo di studio», che ormai non è più un ragazzo, e la sua fidanzata, il viso ancora da bambina. E mentre lo pensa, si passa una mano sul volto, come a voler spianare la fronte, quella ruga che non se ne va, un solco proprio in mezzo; certo, le preoccupazioni, lo stress...

Gli anni passano. Anche per Michele, suo marito. Quanti anni, quante rughe, quanti compromessi. E quante vacanze non fatte, quanti viaggi rimandati, quante cose che dovevano succedere e non sono successe. Ma sono ancora qui, insieme.

«Sei la terra promessa che non ho saputo mantenere.» Qualcuno l'ha scritto con lo spray sul muro davanti allo studio; la vede ogni giorno, questa frase, quando arriva al mattino. Non c'entra nulla con la sua vita, eppure le è rimasta dentro, di tanto in tanto le ritorna in mente.

Promesse? Lei, le sue promesse le mantiene. Anche le promesse fatte con se stessa. Voleva quell'uomo? L'ha avuto. Gli ha promesso, si è promessa, di costruire un mondo tutto per loro. L'ha aiutato e incoraggiato. Quante notti passate a fare conti che non tornavano; quanti giorni a convincere i clienti, e convincere lui, che sì, era bravo, che sì, ce l'avrebbero fatta. E infatti ce l'hanno fatta, pensa con soddisfazione. Ora hanno quel che si dice uno studio «ben avviato», vivace, dinamico, con tanti giovani che ci lavorano. Come Andrea ed Elena, che si sono conosciuti (e innamorati) proprio lì. Poi un giorno Elena ha trovato un altro posto, se n'è andata, e ha fatto bene: meglio dividere amore e lavoro; bisogna saper tracciare dei confini ben definiti, non tutti ce la fanno. Ma sono bravi, e simpatici, tutti e due. Ad Anna piace, in entrambi, la forza sciolta dei trent'anni, l'allegria, lo slancio focalizzato, vitale.

Li guarda e pensa: aveva più o meno quell'età quando lei e Michele si sono conosciuti. Era così, come Elena, un viso ancora non segnato, neppure una ruga, il sorriso spontaneo e leggero di quando sai che tutto è ancora possibile, che tutto deve ancora accadere. E che lo stai facendo accadere.

Adesso questa vacanza in doppia coppia. Da quanto non le capitava? Forse dai viaggi improvvisati e raffazzonati dei vent'anni. Con il gruppo di amici che si allarga e si sfalda, e l'avventura dietro l'angolo. Anche se lei le avventure non le ha desiderate mai, neppure a vent'anni. Ha sempre voluto altro: costruire qualcosa di solido. E ce l'ha fatta, ha la vita che ha desiderato: una vita sicura, solida, senza incertezze, senza deviazioni. Ora ha solo bisogno di una vacanza...

Di una vacanza, e di relax. Per questo sogna, domani o dopo, l'hamam. Ci vuole assolutamente andare, in un bagno turco. Non c'è mai stata, se non in quei finti hamam di certi alberghi di lusso in montagna, che li propongono insieme ai massaggi e alla sauna alpina. E poi ti offrono il tè in bicchieri di vetro dorati, per un tocco di esotismo.

Anna ora però vuole un hamam vero: l'umidità, il vapore, il silenzio; via i vestiti insieme alle scarpe e ai pensieri.

Un'amica, qualche settimana fa, le ha portato in regalo una scatola di dolci – i *lokum*, gelatinosi e zuccherati – proprio dalla Turchia. È una scatola rosa, un po' kitsch, di quelle che si comprano prima di partire, in aeroporto. Sul coperchio c'è scritto «Turkish Delight», a lettere svolazzanti, sopra un disegno vagamente ottocentesco: donne in un harem, vestite di sete colorate e leggere, e cariche di gioielli. Vivevano davvero così, le donne dell'harem, o è una fantasia romantica? In ogni caso, quella scena la rilassa: e lei, ogni volta che apre la scatola e si infila un *lokum* dolcissimo in bocca, immagina che una delle porte che si intravedono nel disegno finisca direttamente in un hamam. Fresco e caldo, acqua e vapore e il piacere di togliersi gli abiti, di levarsi di dosso lo stress e non pensare più a niente.

Aquiloni

Nella cartolina di mio padre, Istanbul è ritratta in bianco e nero. Istanbul, la città della malinconia, anzi dell'*hüzün*, quel sentimento a metà fra la tristezza e la nostalgia. Sarà per i palazzi abbandonati che si stanno sgretolando; o per le *yali*, le antiche case di legno costruite su pontili e affacciate sull'acqua del Bosforo, usate un tempo per la villeggiatura. Poi bruciate o distrutte, una dietro l'altra. *Hüzün* sono le sere piovose d'inverno, e i gabbiani in certe albe tristi.

Per me Istanbul è, invece, una città a colori. Il blu della Moschea di Rüstem Pasha, avvolta di maioliche di Iznik, in Anatolia, dove sono state create e modellate. E l'azzurro di certe giornate in cui il cielo ti fa venir voglia di diventare aquilone.

«Un uomo che non riesce a far volare un aquilone, non riesce a far felice una donna» mi aveva sussurrato zia Betul un giorno di moltissimi anni fa. Era stata lei a farmi conoscere la magia degli aquiloni.

A casa, quel giorno, era accaduto qualcosa che io ero troppo piccolo per capire, o forse che era meglio non sapessi. Una brutta notizia che aveva a che fare con mio padre. Così lei, per distrarmi da quell'atmosfera fitta di cose non dette, mi aveva proposto: «Sai cosa facciamo oggi? Ti insegno a far volare un aquilone».

Avevamo comprato la colla, le carte veline colorate, le sottili assicelle di legno nella cartoleria del quartiere, e confezionato con pazienza il mio primo aquilone: rosso e verde, leggero, quasi impalpabile. Poi nel parco zia Betul mi insegnò ad alzarlo in volo, e quando vibrando nell'aria salì alto, sempre più su: «Un uomo che non riesce a far volare un aquilone, non riesce a far felice una donna. Te lo ricorderai?» mormorò.

Istanbul è il blu e rosso, che paiono riuscire a fondersi solo in certi tramonti sul Bosforo. E il rosso, il rosso dei carrettini dei venditori ambulanti di *simit*: le ciambelle calde ricoperte di sesamo che sono la prima cosa che compro quando arrivo. Il rosso fiammante dei vecchi tram: oggi ne è rimasto solo uno, con cui i turisti attraversano il cuore della città. Il rosso-arancio con cui erano decorati i piattini del tè che una volta ti porgevano nei *kahve*: tè bollente, servito nei bicchieri di vetro. Il rosso dello smalto sulle unghie di mia madre, lei che ha sempre amato i colori pallidi, delicati. Il rosso della tuta Adidas che mi ha chiesto in regalo, e che le porto in valigia; lei che ricordo sempre solo in tailleur, tailleur grigi, carta da zucchero. Ma ora è il rosso che vuole, è il rosso a renderla felice.

Forse dovrei essere triste oggi, e la mia Istanbul dovrebbe essere in chiaroscuro, in bianco e nero. Dovrei essere triste, se penso a mia madre com'era, nelle sue variazioni di blu, mia madre bellissima e malinconica. Mia madre con i suoi segreti e le sue lacrime, le sue telefonate misteriose e le sue lettere nascoste nel cassetto, il trucco pallido e lieve come i suoi sogni e i suoi rimpianti, quei sogni che non conosco, che intuisco soltanto. Penso alla donna che era e alla donna che ora mi sta aspettando: il rossetto messo con incertezza, lo sguardo troppo spesso lontano, il passo incerto, le mani deboli e fragili, e quello smalto scarlatto.

Tulipani

Hamam e il Gran Bazar: questa è Istanbul nell'immaginario di Anna. E poi i tulipani... Ci saranno i tulipani nei giardini e nei viali? È la stagione giusta? Le era sempre piaciuta la storia dei tulipani che da Istanbul hanno conquistato prima l'Olanda e poi il mondo: gliela raccontava il nonno, quando raccoglievano i primi del giardino, nella casa di campagna. Un rito solo loro.

Era una storia vera, ma per lei quasi una favola: i tulipani come un tesoro. Perché, le spiegava il nonno, questi non sono fiori nati in Olanda; i primi bulbi arrivarono da Oriente e piacquero così tanto nella Amsterdam ricca e mercantile del Seicento che tutti impazzirono: se li strappavano di mano e li pagavano a peso d'oro, il prezzo saliva di giorno in giorno, venivano quotati in Borsa, alcuni bulbi arrivarono a costare più di una casa, e le dame li mettevano al collo come gioielli...

Il nonno le raccontava di Jakoba, la moglie di un mercante olandese, sveglia e intelligente, la prima che aveva capito che quei fiori potevano essere la loro fortuna, quando il marito gliene portò in regalo un sacchetto da Oriente. Fu anche la prima a capire, più tardi, che il mercato stava per crollare, e riuscì a mettere in salvo la sua famiglia e le sue ricchezze (e anche qualche bulbo in un cassettone).

Anna ha il sospetto che il nonno se la fosse inventata,

Jakoba, apposta per lei, visto che ogni anno aggiungeva nuovi dettagli al racconto, e visto che nel Seicento le donne non commerciavano, non decidevano e non viaggiavano, stavano a casa e basta. Ma la storia, vera o falsa che fosse, le sembrava meravigliosa lo stesso.

E poi, quella scena indimenticabile, quando Jakoba va a Istanbul al ricevimento del sultano: è sera e i giardini del palazzo, punteggiati da migliaia di tulipani, sono illuminati dalle candele in bilico sul dorso di lente tartarughe che si aggirano per i viali... Finché arrivano, come regine, le quattro mogli del sultano e le concubine, vestite con abiti di seta, in tinta con i tulipani. Aveva provato a disegnarla, da piccola, quella scena, tanto ne era affascinata. I fiori, i vestiti e le tartarughe. Un vero sultano col turbante. E Jakoba, in piedi in un angolo, meglio di una regina: perché è libera e indipendente.

Già, non sono mai piaciute ad Anna le storie di principesse salvate dai principi azzurri, con o senza cavallo. A lei piaceva questa storia perché era vera, con mercanti e donne coraggiose, ricchezze che si moltiplicano e scompaiono, viaggi in paesi misteriosi. Vero? Falso? Che importa. Quelle favole le avevano insegnato ad avere fiducia in se stessa. Nel proprio fiuto, nel proprio intuito. Nelle proprie possibilità e nella propria tenacia.

«Impara dai fiori» le ripeteva sempre il nonno. «Impara dai fiori a essere paziente, ad aspettare.» Perché i fiori lo sanno, che dopo un gelido inverno arriva la primavera. Bisogna solo avere pazienza, credere nelle proprie forze. Gliel'aveva ripetuto anche vent'anni fa, il nonno, in quel weekend di piovosa primavera in cui lei aveva il cuore gonfio, perché Michele era incerto, forse non la voleva, non sapeva... Michele, che lei desiderava come non aveva mai desiderato nessun ragazzo. E non era stata saggia ad aspettare, non era stata forse premiata la sua testarda pazienza?

Poi era arrivata, la loro prima volta insieme. Quella camera a casa di amici, una vecchia casa sul fiume. Dentro, mobili messi alla rinfusa, rimasugli di altre abitazioni o vecchie soffitte; un letto dal materasso alto, il comò con lo specchio un po' incrinato. Il copriletto damascato con le frange. Un mazzo di fiori di campo sul comodino. Ricorda tutti i dettagli, e il rumore del fiume quasi in piena fuori dalla finestra, il vento che sbatteva piano le persiane. Gli amici di sotto, e loro sopra, in quella camera quasi dimenticata dal tempo.

Lì aveva capito, ancora una volta, che voleva lui e solo lui; lui perché sapeva come prenderla, perché il suo corpo aderiva perfettamente al suo, capiva il suo, senza bisogno di parole. E continuava a piacerle, far sesso con suo marito. Sesso, Anna non usa questa parola, ma è proprio così. Far l'amore, i corpi intrecciati, le carezze in cui perdersi. Michele sa esattamente quello che le piace, come le piace; sa come toccarla. Le sue mani sanno toccarla, il suo corpo la conosce.

L'arrivo

L'aereo è atterrato. Riaccendo il telefonino. All'improvviso ho voglia di rivedere una vecchia foto di mia madre, quella che stava in una cornice d'argento appoggiata sul pianoforte di casa, un pianoforte che nessuno suonava mai. Una foto in bianco e nero, poi ingiallita dal tempo, del giorno in cui ha sposato mio padre.

Mia madre è ritratta di profilo. I capelli biondo cenere sono pettinati a onde, come quelli delle dive del cinema, e un minuscolo cappello bianco le ferma l'acconciatura. Gli occhi socchiusi guardano chissà dove, lontano. Sulle labbra, il lieve accenno a un sorriso.

Durante una delle mie ultime visite l'ho tolta dalla cornice e l'ho fotografata: ed eccola qui, una foto della foto, ricordo digitalizzato. Mi piace guardarla e ripensare a mia madre così. Di una bellezza malinconica e struggente.

Dov'è finita quella donna in grigio perla? Al suo posto c'è un'ottantenne stanca a cui sfugge il presente, e anche il passato. Un'anziana signora che preferisce vestirsi con una tuta da ginnastica, e ora la vuole rossa.

L'ultima volta che sono andato a trovarla, mi ha detto: «Sono così felice, sai, caro. Sono così emozionata, oggi». C'era una luce diversa dentro i suoi occhi marrone. Quella luce che regala solo l'amore. E io, stupido, pensavo fosse felice di rivedere me, il suo figlio minore, il figlio lontano, quello che la copre di regali. Le ho risposto, commosso: «Mamma, ma sono venuto anche il mese scorso!». E lei: «Che dici, tesoro... Sono così felice, perché anche oggi verrà lui». Lui, il ragazzo incaricato di farle fare fisioterapia. Giovane e gentile. Il ragazzo di cui si è «invaghita».

Mi viene ancora da ridere se ci penso, ma lo faccio con tenerezza. Il surreale della vita: mia madre, così raffinata, ha perso la testa per un ragazzo qualsiasi, uno come tanti. E che io pago, in verità, perché venga a farle compagnia, altro che fisioterapia... Viene a farla sognare, ad accarezzarle la mano. Lo pagherei anche per altro, se potessi! E perché no? Quante volte ho litigato con mio fratello, che si vergogna della sua presenza in casa. Perché? Non abbiamo forse tutti bisogno di sognare?

Ripenso a mia madre che un giorno, tutta seria, mi sussurra: «Voglio che tu sappia che lui non si è mai approfittato di me». «Ma mamma, di cosa si dovrebbe approfittare?! I tuoi soldi li gestiamo noi» la rassicuro. «Ma no, che hai capito? È che lui, quando viene, mi porta sempre in quella stanza buia là in fondo. Penso che mi voglia baciare... Ma non preoccuparti, non mi ha mai messo le mani addosso. Non se n'è mai approfittato. È così premuroso! Quando camminiamo mi dice dolcemente: si appoggi a me...» Mi commuove questa madre che confonde la gentilezza con l'amore. E che, a più di ottant'anni, non smette di pensarci, all'amore.

«Vedi, cuore mio, non c'è niente di più importante dell'amore...» le piace ripetermi al telefono. Mi chiama con insistenza, al mattino presto, quando le sembra di avere qualcosa di fondamentale da dirmi, qualcosa di irrimandabile. Non importa se sono solo le sei e potrei aver voglia di dormire... Niente può farla desistere. E allora la ascolto, con un sorriso e con un pizzico di commozione, perché sì, mi commuove e mi fa sorridere che mia madre mi chiami all'alba solo per comunicarmi che è importante l'amore, che è la cosa più importante della vita.

Salgo in taxi. Non c'è nessuno in aeroporto ad aspettarmi, ma mi piace così. Non voglio che venga nessuno ad accogliermi, né a Istanbul quando arrivo, né a Roma quando ritorno. Se c'è qualcuno che mi aspetta, allora si tratta di un viaggio di lavoro.

Gli aeroporti non sono fatti per gli abbracci e neppure per gli addii, non hanno il fascino delle stazioni ferroviarie. Sono luoghi di passaggio per gruppi chiassosi di turisti, per passeggeri instupiditi dal jet lag e dalle luci al neon, o per viaggiatori solitari come me. Gli aeroporti sono fatti per uscire in fretta, riaccendendo il cellulare, nell'attesa di una chiamata che non arriva; o per aspettare un volo in ritardo, con l'iPad acceso, senza neppure la curiosità di guardare in faccia chi ti è seduto accanto.

Io, invece, mi guardo sempre intorno. Ascolto le conversazioni altrui. Mi chiedo che cosa stiano digitando, le persone, sulla tastiera del loro cellulare, a chi rispondano. Cerco di immaginare le loro storie chiuse dentro a un telefonino. E i loro segreti, i rimpianti, i sogni. Per raccontarli nei miei film. Qualcuno ha detto che sono un ladro di storie, e forse è davvero così.

In albergo

Il primo giorno a Istanbul, è deciso, lo passeranno insieme. Per tutti e quattro è la prima volta, una scoperta, quindi faranno i veri turisti, si divertiranno. E dunque Santa Sofia, la chiesa-moschea; e il Topkapi, il palazzo del sultano. E poi la Moschea Blu, tanto è vicino. Se si fa in tempo, anche un giro al Gran Bazar. Sarà di certo una trappola per stranieri, ma va bene lo stesso.

Il loro albergo è il Pera Palace, uno dei più famosi della città. Era quello dove un tempo alloggiavano i viaggiatori dell'Orient Express. Anna è la prima a scendere per la colazione; Michele è sempre così lento e pigro al mattino. Ma a lei la solitudine di quell'inizio di giornata non dispiace. Bere una tazza di caffè in silenzio è diventato quasi un rituale. Così sorseggia il suo caffè e pensa alla festa a cui parteciperanno alla fine del viaggio.

Sono stati invitati da una coppia di ricchi, ricchissimi clienti: i Sokak, industriali turchi e gran collezionisti d'arte. Lei è una cinquantenne finta bionda decisamente vistosa e con borse che devono costare quanto lo stipendio annuale della sua segretaria, il logo sempre bene in vista. Un look molto diverso da quello di Anna, ma nonostante ciò le sta simpatica. Per certi versi, sono molto simili. È una donna che non fa perdere tempo né a sé né agli altri; una che sa andare dritto al punto, esattamente come lei.

Per rendere più internazionale la loro fabbrica di mobili i Sokak stanno commissionando collezioni a giovani designer in tutta Europa, e si sono innamorati dei lavori di Michele. Hanno già approvato i primi schizzi per una lampada che potrebbe inaugurare una serie di luci da tavolo e da terra, design moderno con un tocco di Levante. È anche per questo che sono venuti qui: Anna spera che Michele, guardandosi intorno, tragga ispirazione per una collezione che mixi Oriente e Occidente, che racconti la nuova Istanbul.

Ma Anna ha obiettivi più ambiziosi. Sa che i Sokak stanno per aprire un nuovo albergo design proprio a Istanbul. Niente a che vedere con l'atmosfera del Pera Palace. Potrebbe essere l'occasione non solo per piazzare le luci, ma anche per lanciare il loro studio in Turchia con un progetto di architettura d'interni. Perché no? E se funziona, se l'hotel diventasse una catena, come quelli di Philippe Starck... Anna sogna, ma i suoi non sono sogni a occhi aperti, sono piani di battaglia. Non si lascia scoraggiare quasi mai, neppure da un no.

Ripensa alla loro prima sedia venduta all'estero. Era nata, in realtà, da un fallimento. A Michele il produttore svedese, un ottimo brand con cui volevano collaborare, aveva chiesto l'idea per un divano. Il suo progetto era piaciuto ed era stato «prototipato», e il prototipo era davvero bello e innovativo. Poi non se n'era fatto nulla. E, dopo tre anni, progetto archiviato. Anzi, buttato proprio nel cestino. A quel punto era stato chiesto di progettare una sedia: una sedia impilabile, per caffè, musei, spazi pubblici. Anna aveva aiutato Michele nella ricerca: scartato il legno massello, si sarebbe potuto provare con materiali nuovi, magari del macinato di legno mixato con macinato di polipropilene... Passa un altro anno, e il produttore comunica che non trova nessuno in grado di realizzarla. A quel punto Anna si intestardisce: cerca lei gli artigiani giusti e nel giro di un mese parte per la Svezia con dentro al trolley il prototipo realizzato da una piccola azienda di Udine, finanziato da lei, curato nei minimi dettagli da lei. Michele si era arreso, lei no. E aveva avuto ragione. Ancora adesso, quando le capita di vederla, quella sedia – l'ultima volta è successo a Parigi, nel caffè di un piccolo museo –, è davvero fiera di se stessa. Sì, bisogna pensare a qualcosa in grado di stupire i ricchi turchi... Qualcosa che li possa convincere. Ammaliare.

E la festa?, pensa Anna, sarà una cosa in grande, di sicuro. È arrivato un invito scritto a mano in bella calligrafia, come si usava tanti anni fa. Il ricevimento avrà luogo nella villa dei Sokak a Bebek, dove si può arrivare in barca: molto scenografico, molto hollywoodiano.

Anna ha portato per l'occasione un abito corto, di seta; vuole essere bella, vuole che gli uomini la guardino. Ha voglia di essere ammirata, forse anche di ballare, perché no. I «suoi» due uomini... Non lo dice, neppure a se stessa, ma con Andrea, l'assistente più bravo, c'è da sempre una strana attrazione. Michele è suo marito, certo, e su questo non si discute. E Andrea semplicemente un desiderio, un brivido; no, non un amante, Anna non vuole complicazioni, in ogni caso non con un ragazzo che lavora per lei. Ma le piace sentire il suo sguardo, le piace quando a volte le sfiora la mano, in studio, mostrandole i disegni o passandole le carte. Sente una vibrazione quasi elettrica. E questo le basta, c'è.

In traghetto

Stamattina ho deciso di prendere il traghetto che mi porta a Karaköy, come facevo da ragazzo. La giornata è bella, così mi siedo fuori.

Giro lo sguardo e in lontananza mi appare la silhouette, maestosa, del Topkapi. Da quanto tempo non metto piede lì dentro?

Ed è mentre ne osservo le mura imponenti che provo, improvviso, uno strano brivido. Come un bizzarro presentimento, o forse è solo una leggera malinconia che sembra avvolgermi. Quasi un'ombra... una sensazione che non riesco a capire.

Squilla il telefonino: sul display compare il nome di Elif. Ho deciso di non risponderle. Oggi non sono disposto ad ascoltare le sue bugie. Elif è un'altra di quegli amici che riescono a mentirti senza una vera ragione. Anche solo piccoli tradimenti, ma che fanno male.

E poi so bene di che cosa mi vuole parlare adesso... Sto riflettendo sulla possibilità di dirigere, qui a Istanbul, la *Traviata*; per una sorta di omaggio a mia madre, che un tempo aveva una voce stupenda e che sarebbe potuta diventare una cantante lirica, ma rinunciò al suo sogno per sposarsi. E ho capito che Elif mi gioca contro, e non ha il coraggio di dirmi in faccia cosa pensa.

«Amami, Alfredo... Amami, Alfredo, quant'io t'amo. Addio»: quante volte, da piccolo, ho sentito la mamma cantare per casa quest'aria, la sua preferita!

Da ragazza aveva frequentato la stessa scuola di musica di Leyla Gencer, la celebre soprano degli anni Cinquanta che cantò più volte anche alla Scala. Anzi, morì proprio a Milano, e lì ebbe luogo il suo funerale, nella chiesetta di San Babila. Ma Leyla aveva chiesto che le sue ceneri fossero disperse nelle acque del Bosforo, dove aveva lasciato il suo cuore, e il suo desiderio fu rispettato.

Mia madre, che pur invidiandola la adorava, ne possedeva tutti i dischi: li tiene ancora raccolti in salotto, nelle custodie impolverate e ingiallite dal tempo. Era bella, Leyla; un po' matronale, forse, con quei capelli nerissimi gonfi e cotonati alla moda di Maria Callas. Ma mia madre era molto più bella.

Mia mamma. A svegliarmi, stamani, è stato il profumo del pane tostato, proprio come quando ero bambino. Lentamente ho attraversato le stanze diretto in cucina, dove una donna, di spalle, era intenta a preparare la colazione. I capelli dello stesso colore di mia madre. Per un istante brevissimo ho persino pensato che fosse lei, restituita alla sua giovinezza: «Cuore mio, ben alzato! Siediti e fai colazione...».

Invece oggi mia madre ha deciso che non vuol proprio uscire dalla sua stanza. In verità, è da settimane che si rifiuta di alzarsi. Me l'aveva preannunciato mio fratello Taylan, ed è anche questo uno dei motivi per cui sono qui, adesso: farle capire che non deve lasciarsi abbandonare. «Che ne sai tu, non ci sei mai...» mi ripete Taylan, a cui piace colpevolizzarmi.

Sono entrato piano nella sua camera, l'ho baciata e le ho accarezzato le mani. Abbiamo scherzato un po', e alla fine la mamma mi ha promesso che, al mio rientro, la troverò ad aspettarmi in salotto.

Penso a lei adesso, seduto sul traghetto, alla donna che

era e a quella che è. Poi i miei occhi ritornano al Topkapi. Il vento ora si è fatto più forte, meglio riparare all'interno. E mentre mi alzo per farlo, quell'ombra, quella sensazione d'angoscia, mi assale di nuovo improvvisa, senza un vero perché.

Ombre

Camminano soli nel buio dorato di Santa Sofia. Anna ha insistito perché arrivassero per primi, anticipando la folla dei turisti; l'orda dei barbari, come la chiama con un certo snobismo. Ha prenotato una guida che li accompagnasse in giro per la città anche per evitare le file, i biglietti già in mano.

Santa Sofia, Aya Sofya. Prima chiesa, poi moschea. Le dorature, il silenzio, l'ombra e la luce: tutto l'affascina. Le decorazioni dorate su nero, le calligrafie in ottomano simili a disegni. Ecco cosa ci vorrebbe per la nuova collezione di Michele: lusso accessibile, non troppo ostentato, e una patina di esotico. È ciò che molte persone oggi desiderano per le loro case.

Si volta in cerca di Michele. Sta vedendo quello che vede lei?

Quando giungono al Topkapi, però, la folla si sta già ammassando. La guida, una bella ragazza che parla un perfetto italiano, li fa passare avanti.

«Andiamo innanzitutto all'harem» le dice Anna, e non è una richiesta, è un ordine.

È davvero curiosa di visitarlo, l'harem, perché in fondo non ha mai creduto che le donne che lo popolavano fossero semplici schiave. Pensa piuttosto che si trattasse di una sorta di evoluta comunità al femminile che viveva nel lusso, certo, ma rispettando regole precise, alcune esplicite e altre meno: amore, potere e intrighi. «La vedete questa fontanella d'acqua sul muro?» chiede la guida. «Ce ne sono tante altre qui dentro, e vi stupirà sapere che sono le maggiori complici di tanti intrighi di palazzo. Infatti, chi voleva parlare senza essere ascoltato si appartava vicino a una di esse, apriva il rubinetto e le sue parole venivano immediatamente coperte dallo scorrere dell'acqua.»

Chissà com'erano le donne dell'harem... «Non è vero, come molti stranieri credono, che le concubine fossero necessariamente belle e che girassero sempre mezze svestite» pare leggerle nel pensiero la guida. «Ma non giravano neppure coperte da un velo nero. Niente burqa: siamo in Turchia, non in Arabia Saudita... A dire il vero, una delle più famose donne dell'harem, Hürrem Sultan, era decisamente brutta. Forse avete sentito parlare di lei come Roxelana. Narrano che si chiamasse Aleksandra Anastasija, fosse nata a Leopoli, oggi in Ucraina, e che fosse figlia di un pope ortodosso. Fatta prigioniera dai tatari di Crimea, fu poi venduta come schiava e così giunse a Istanbul. Non era uno splendore, ma seppe ugualmente ammaliare Solimano il Magnifico. Perché anche allora – nel Cinquecento – non contavano solo la bellezza e il sesso; anzi l'allegria, la seduzione, il saper conversare erano doti necessarie per tenersi stretto un uomo, proprio come oggi. Non siete d'accordo?» Sorride.

«Vi racconto un aneddoto poco noto ma davvero interessante per capire quanto intelligente e astuta fosse Hürrem Sultan. Quando il sultano partì per conquistare Vienna – lo sapete, vero, che nel 1529, e poi ancora nel 1683, siamo arrivati fino alle porte di Vienna?, e vi abbiamo lasciato in eredità il caffè, perché siamo noi che vi abbiamo insegnato a farlo –, Roxelana era la Favorita. Lei e Solimano si scrivevano lunghe lettere appassionate, che sono arrivate fino a noi. Bene, in una il sultano le domandò cosa avrebbe voluto in dono da quelle terre lontane. Pensava dei gioielli, ovviamente. Ma Hürrem Sultan rispose: "In questo momento il più grande regalo per me, mio sultano, mio adorato, sarebbe un pelo del tuo baffo".»

Tutti scoppiano a ridere, anche Michele e Andrea, uomini senza baffi. Ride pure Anna, e pensa: come avrei voluto conoscere Hürrem Sultan... Chissà quante cose avrei potuto imparare da lei!

È che sa così poco dell'animo femminile, lei. Sua madre è morta quand'era ancora piccola, e non ha sorelle. Così è dovuta diventare grande da sola, senza aver accanto una figura femminile da imitare, con cui confidarsi.

Di quella madre morta troppo presto Anna ricorda vagamente solo il profumo lieve e dolce, dal retrogusto di gelsomino, che per un po' era rimasto attaccato ai suoi vestiti chiusi dentro all'enorme armadio di noce della camera dei genitori, dove, quando la coglieva la malinconia, lei cercava rifugio. Chissà che donna sarebbe diventata se sua madre le fosse rimasta accanto? E chissà se a sua madre sarebbe piaciuta la donna che è diventata senza di lei.

Mentre ci pensa accarezza, quasi senza accorgersene, la collana di perle, che era di sua mamma, e che porta sempre al collo. Perle fresche e lisce al tocco. Come dovevano essere le carezze della madre che non ricorda più.

Persa nelle sue fantasticherie, Anna si ritrova sola nella stanza. Michele e i ragazzi devono essere andati avanti con la guida. All'improvviso la sala in cui si è abbandonata ai ricordi le sembra minacciosa, colma di ombre, di sussurri. È la prima volta che prova qualcosa del genere: i musei, di solito, le paiono quasi sempre freddi, muti. Ma non è così, adesso, qui.

È come se qualcuno le si muovesse intorno. Anche se la sua parte razionale le ripete che non è possibile, che sta sognando, ne avverte la presenza, il respiro. Forse è suggestione. O forse, invece, è proprio quel che resta delle donne che sono passate di qui, che in questa stanza hanno amato, sofferto, odiato, che hanno avuto paura, che hanno tradito e sono state tradite... Ombre. Ombre che incombono, che vogliono diventare reali.

No, pensa Anna, è davvero suggestione. Non c'è nessuno, si ripete, e riprendendo il controllo di sé, accelera il passo verso l'uscita.

Attraversa un corridoio lungo e in penombra, apre una porta e si trova all'improvviso fuori, all'aria aperta. Respira, sollevata.

Lontano, un traghetto attraversa lento il mare.

LUI

Senza padre

Topkapi, l'harem, e i suoi segreti. Ne sono stato sempre affascinato. Affascinato, ma non stupito. Perché in fondo,
anch'io, posso dire di essere cresciuto in un piccolo harem.

Sono cresciuto a lungo in una casa senza uomini. Mio fratello Taylan, più grande di me di qualche anno, studiava
in collegio, e tornava da noi solo il fine settimana. E mio
padre è stato per anni solo un ricordo sfocato. Così io ero
il maschio di casa, amatissimo da quel mio piccolo harem
privato: mia madre, la nonna, le «zie», inseparabili amiche
della mamma, che spesso si trasferivano da noi. E natural-
mente Diamante, l'anziana domestica che aveva visto na-
scere mia madre. Il suo vero nome era Elmas, che in turco
significa appunto «diamante». Ma ormai era invalso l'uso
di chiamarla così, in italiano, per un vezzo di mio padre,
che andava spesso in Italia per lavoro. Aveva cominciato
lui a chiamarla Diamante, e quel nome le era rimasto ap-
piccicato addosso.

Mio padre, già. Sono stato un bambino cresciuto a lungo
senza padre. Eppure c'erano momenti in cui la sua assenza
si faceva d'un tratto acuta, insopportabile. Per esempio nelle sere calde d'estate, quando avevo il permesso di giocare nei giardini delle ville vicine con i miei amici, finché ca-
lava il buio. All'ora di cena, all'improvviso, loro correvano
tutti a casa: «Sta arrivando papà! Sta arrivando papà...», e

per me ogni volta erano coltellate. Io non avevo un padre a casa per cena; solo una gondola, un po' kitsch, in bella mostra sulla credenza.

Ancora adesso, a volte, quando torno a Istanbul e cammino nei viali accanto alla villa per vedere cos'è cambiato, quante le case demolite, quanti i giardini scomparsi, quanti i nuovi cantieri, ancora adesso, se è sera, sento i bambini correre per strada e provo, immutata, quella sensazione di solitudine, di malinconia.

Ma poi, in verità, mi consolavo presto, di nuovo avvolto da quel mio originalissimo harem personale. E quando la tristezza e il senso di abbandono mi riempivano il cuore, a farmi star meglio c'erano sempre loro, le donne della mia infanzia. Tutte.

A partire dalla mia nonna materna, una vera «principessa ottomana», sposatasi ben due volte e sempre con un pascià: fumava la sigaretta in una sorta di complicato bocchino d'argento, che infilava come un anello al dito medio, per non macchiarsi di nicotina. Aveva il vezzo di parlare in francese, e per chiamare la servitù batteva le mani. Ogni giorno cacciava di casa una cameriera, salvo riassumerla di lì a poco, avendone immancabilmente dimenticato il volto.

In primavera, poi, ordinava alle domestiche di andare a raccogliere i papaveri, li faceva bollire e distillare, e ne ricavava una piccola, preziosa pastiglia da sciogliere in bocca. Alle sei della sera, cascasse il mondo, la «principessa ottomana» si faceva servire del cognac in uno di quei bicchieri di cristallo, preziosi e luccicanti che non avevo il permesso di toccare, che potevo solo sfiorare, in braccio a lei.

E poi c'erano le due «zie» single, o molto più banalmente «zitelle», il che per loro non rappresentava affatto un problema, perché sapevano comunque divertirsi. Anzi, raccontavano ridendo di quella loro astuta amica che era svenuta la prima volta in cui aveva fatto l'amore con un ricco armatore. Aveva finto di svenire per fargli credere che lui, sì, era un vero maschio... E aveva gettato per terra il primo

prezioso gioiello che l'ingenuo innamorato le aveva rega-
lato per dimostrargli, quasi risentita, che non era al denaro
che lei mirava. E così era riuscita a farsi sposare...

Amavano bere Cinzano, le mie zie, e giocavano a imitare le «femmes fatales»: «Devi lasciare che il fumo ti avvol-
ga il viso» spiegava zia Betul. «Riprova.» E provavano e ri-
provavano, davanti a me.

Zia Betul, la mia maestra di aquiloni, era la più elegante, la più raffinata. Indossava abiti bellissimi. E le piaceva
essere corteggiata. Molto. Spesso mi portava in giro con
sé, come scusa e come alibi: andavamo da Divan, la pasticceria più alla moda. Potevo ordinare quello che volevo: la
mitica torta al cioccolato con i biscotti, o i salatini croccanti
di cui ero goloso. Stavamo seduti silenziosi al tavolino, io
e la mia bella zia: lei si faceva portare un tè e poi impiega-
va un'eternità a berlo, sorseggiandolo così lentamente che
alla fine doveva essere freddo. E intanto si guardava intorno, o meglio, si lasciava guardare.

Aveva una predilezione per gli uomini giovani e belli. E
quando si accorgeva che uno di loro la osservava con par-
ticolare interesse, toglieva dalla borsa uno specchietto d'argento e si ritoccava in continuazione il rossetto sulle labbra.
Un vezzo d'altri tempi: quale donna oggi lo farebbe più!

Avevo imparato a conoscere altri suoi gesti, inconsapevo-
li e lievi, che ne tradivano un po' di agitazione: come quando le mani si assicuravano che i bottoni del tailleur fossero ben allacciati, o che il colletto di pelliccia, un po' liso e
sciupato, non fosse fuori posto.

E infine, quando qualche occhiata prometteva bene, la
mia furba zia Betul mi proponeva: «Ce la fai, vero, a tornare a casa da solo, tesoro? Prenditi un "Teksas", eccoti qui i
soldi». Potevo dire di no?

«Teksas» era il mio giornalino a fumetti preferito. Che,
poi, avrei scoperto essere disegnato in Italia. I protagonisti
di queste avventure nelle pianure del grande West erano
«Celik Blek», il Grande Blek, un «trapper» nordamericano

che combatte per la libertà dei coloni contro le Giubbe Rosse inglesi, e «Profesor Oklitus», il professor Occultis. E io, che non avevo neppure dieci anni, felice dell'inatteso regalo, mi alzavo e me ne andavo.

Un giorno, mentre riponeva specchio e rossetto nella borsa, intuii dai suoi occhi che era triste, terribilmente triste. Forse si era accorta che la bellezza stava sfiorendo, sgualcendosi un po', proprio come il suo collo di pelliccia già fuori moda. E in quel momento doveva aver compreso che il destino aveva deciso di lasciarla per sempre sola, senza un uomo, un vero amore. Così le dissi, piano: «Sei bellissima». E lei, sorridendo: «E tu sei unico».

Poi c'era zia Güzin. Dipingeva benissimo, e infatti insegnava all'accademia. E sapeva preparare dei dolci meravigliosi. Il problema è che soffriva di diabete e quindi i dolci per lei erano insieme una tentazione e una tortura. Ricordo una domenica pomeriggio, io e mio fratello soli in casa con lei, che ci aveva cucinato uno dei nostri dolci preferiti, il *kadayıf*, nidi di finissimi «capelli d'angelo» intrisi di sciroppo. Io e Taylan, sovreccitati, da ore stavamo discutendo sul modo in cui tagliarlo: a triangoli, a rettangoli, porzioni piccole, fette più grandi. Finché zia Güzin, esasperata da quel nostro fastidioso chiacchiericcio, afferrò il *kadayıf* e... lo lanciò fuori dalla finestra!

Anche lei aveva molti giovani ammiratori, che spesso riceveva, senza pudore, a casa, di nascosto. E allora poteva succedere che nel bel mezzo della notte riecheggiasse un urlo: «Al ladro! al ladro!». Era un suo piccolo escamotage perché nessuno si insospettisse se vedeva uscire in piena notte un'ombra dalla finestra.

Perdeva sempre qualcosa, zia Güzin: oggetti, vestiti, documenti. Riusciva a perdere persino un dente. Già, perché aveva un dente finto proprio nella parte davanti della bocca, e le cascava sempre; e allora noi nipoti venivamo chiamati per cercarlo. Una volta lo perse mentre eravamo in barca, al largo. Tutti si tuffarono per recuperarlo, in mezzo al mare! Un'impresa ovviamente impossibile, e infatti quella volta nessuno lo trovò.

All'epoca abitava ancora con noi mia sorella Filiz: era la più anziana di noi fratelli, figlia del primo matrimonio di mia madre. Se ne sarebbe andata di lì a poco, dopo aver vinto un concorso di bellezza, quando incominciò la sua promettente carriera di attrice. Sarebbe diventata una star del cinema turco degli anni Settanta: i capelli biondi pettinati in acconciature gonfie e cotonate, gli occhi bistrati di kajal, lo sguardo ammaliatore, ti guardava dalle copertine dei giornali di gossip, sparsi un po' ovunque per casa.

Ma io avevo capito quanto fosse davvero bella molto tempo prima: una mattina ero entrato in silenzio in camera sua, lei dormiva ancora, riversa sul letto, l'abito da sera indosso, in testa una tiara scintillante, l'eyeliner sfumato agli occhi. Non mi sentì neppure. Per terra, le sue scarpe nere di raso con il tacco, abbandonate. Era bellissima.

Bella, consapevole di esserlo, e piena di vita. Quando mi baciava mi lasciava sempre tracce di rossetto sulle guance, e io scappavo, perché la cosa non mi piaceva, affatto; ma lei rideva, mi rincorreva, mi afferrava e mi baciava di nuovo, apposta, insistendo. Quello del bacio era un gioco tra di noi. Mi stampava sulla pelle il suo rossetto scarlatto, vivido, come si usava allora.

Certo non poteva immaginare che un giorno avrebbe abbandonato le tiare scintillanti, i lussuosi abiti da sera, le scarpe col tacco alto: anni dopo, infatti, sposò un ricco signorotto dell'Anatolia, proprietario di grandi tenute agricole e fattorie, che la portò con sé molto lontano da Istanbul. Filiz ha avuto tre figli, è diventata una donna di campagna, va a cavallo. Chissà se rimpiange il mondo che ha lasciato, se prova nostalgia per la ragazza irresponsabile ma piena di vita che era allora?

Oggi del mio harem privato non mi restano che i ricordi. La nostra casa è vuota della loro presenza. È questo che pensavo ieri sera attraversando nel silenzio le stanze buie.

Ed è anche questa la ragione per cui quando torno a Istanbul preferisco non dormire più qui, nella mia vecchia stanza da ragazzo che mi sembra un mausoleo, con ancora tutti i miei vecchi dischi, i poster di David Bowie e di Janis Joplin appesi alla parete, così vicini l'uno all'altro da sembrare quasi carta da parati. E visto che in genere non vengo da solo, preferisco andare in albergo. Mettere distanza tra me e il passato.

Ma stavolta ho deciso di non farlo. So che è la mia ultima volta: fra pochi mesi la villa verrà demolita.

LEI

Improvvisamente

Anna cammina al Gran Bazar, una tappa turistica, certo, ma pur sempre uno straordinario caleidoscopio di colori e spezie, di voci e visi: stranieri e commercianti, bambini e anziani, donne velate e ragazze in jeans e tacchi alti. Si ferma davanti a una bottega che vende teli bianchi di cotone con delle righe colorate. È indecisa su quali comprare. Il cotone è morbido e i teli sarebbero perfetti per le sdraio, d'estate al mare.

Il venditore le spiega che si tratta degli asciugamani che si usano negli hamam. L'hamam: ci andranno tra poco. Ne hanno scelto uno proprio vicino al Gran Bazar, il Çemberlitaş, uno dei più antichi bagni turchi della città. Pare sia stato fondato già nel Cinquecento, ma è stato ristrutturato da poco, le hanno garantito in albergo. Hanno già prenotato l'entrata e anche un massaggio. Non vede l'ora di essere lì.

Poi, dopo l'hamam e dopo la cena, le loro strade si separeranno. Elena e Andrea hanno deciso di andare sul Monte Nemrut, per vedere le gigantesche e misteriose statue di dei e animali che giacciono sulla sua sommità. Lei non ha voglia di spostarsi, preferisce fermarsi a Istanbul, c'è ancora così tanto da scoprire... a cui ispirarsi per il loro nuovo lavoro. A proposito, dov'è Michele?

Si guarda intorno e lo scorge seduto a un caffè, uno dei tanti piccoli caffè all'interno del Gran Bazar, con i tavolini di legno intarsiato, gli sgabelli bassi e i kilim che fungono da séparé: sta schizzando qualcosa nella sua moleskine nera. Ama osservarlo così, senza esser vista, mentre lui è assorto nel disegno. In un'epoca in cui tutto viene fatto al computer, le piace un uomo che sa ancora tenere la penna in mano. Che non esce mai senza il suo taccuino, su cui annota, disegna, schizza: parole e immagini, tutte alla rinfusa, che potrebbero, domani, diventare sedie o lampade.

«Che cosa stai disegnando?» gli chiede, avvicinandosi.

«Li vedi quei fiori?» le risponde Michele, e le mostra la pagina. Ha schizzato con il suo solito rapidograph nero dalla punta fine un intricato disegno raffigurato in un kilim appeso alla parete del caffè. «Sembra quel tessuto che abbiamo visto a Lisbona, al museo Gulbenkian, ricordi?»

Certo che ricorda: erano antichi tessuti di Bursa, dai disegni geometrici; tessuti di cuscini, ma belli come quadri. E di un rosso intenso che si confondeva con l'oro.

Michele ha ragione: quel kilim da poco conto, certo non antico, nel caffè del Gran Bazar, ha qualcosa che li ricorda.

«Mi piace quel motivo, e quella tonalità di rosso» dice chiudendo la sua moleskine. «Pensavo che potremmo inserire un disegno di fiori stilizzati, scarlatti, nella nostra collezione. Potremmo fotografarlo, digitalizzarlo, trasfigurarlo in modo che non si riconosca più, che diventi ancora più astratto. Magari usarlo per dei wallpaper: la carta da parati sta tornando di moda, no? Potremmo metterne in produzione una e poi parlarne ai Sokak.»

«Forse dovremmo andare a Bursa» propone improvvisamente Anna. «Non credo sia molto lontano da Istanbul. Potrebbe esserci qualcosa di interessante da vedere nel museo locale.»

«No, rimaniamo qui» dice Michele. «Anche qui non mancano cose da vedere... E poi riposiamoci, godiamoci Istanbul. E l'albergo.»

Per fortuna, pensa Anna, non vuole muoversi. Domani, quando Andrea ed Elena partiranno, loro rimarranno da soli: potranno rallentare i ritmi, smetterla di fare i turisti concitati, prendere dimestichezza con la città. Michele sembra ispirato, si dice Anna, e questo è un bene. Andranno in giro con calma, avranno il tempo di sedersi a un caffè; lui potrà disegnare, lei cercare un wi-fi, controllare la posta, spedire qualche mail, o semplicemente rilassarsi e pensare ai progetti futuri. Sono questi i momenti di vera ispirazione anche per lei. Quelli in cui raccoglie le forze. E ora, finalmente, l'hamam. È abbastanza vicino da poterlo raggiungere a piedi.

Poi, tutto succede in fretta. Velocissimo. Se ci ripensa – quante volte, dopo, ci ripenserà – non riesce a ricostruire davvero quello che è successo. Sono solo immagini spezzate, urla, il buio.

Perché, dopo aver ritrovato Andrea ed Elena nel labirinto del Bazar, escono nella luce abbagliante del sole. Camminano tutti insieme, devono solo attraversare una piazza: Anna si ferma un attimo per cercare gli occhiali da sole dentro la borsa e d'improvviso arriva, sbucando da dietro un camion che sta scaricando della merce, una moto lanciata a velocità assassina, che li travolge. Li travolge davvero, come una palla da bowling contro dei birilli: cade Andrea, che spinge lontano da sé Elena, per proteggerla, per salvarla; la moto si rovescia, cade il guidatore, il casco viene sbalzato metri avanti.

E poi il sangue, tutto quel sangue. Rosso. E loro, Anna e Michele, pochi passi più indietro, salvi per caso, per miracolo. Per destino.

Lei urla, urla. Michele si precipita verso i ragazzi. Arriva gente da tutte le parti. La sirena dell'ambulanza si avvicina. Andrea respira ancora, la faccia coperta di sangue, e poi non respira più.

Altri mari

Dopo Istanbul ho amato molti mari. Gli oceani, e la spiaggia lunga di Ostia, dove andare a camminare nelle prime giornate di primavera; e il mare pugliese, mare di scoglio e dei profumi del Mediterraneo. Le spiagge al tramonto, al limitare con le pinete o con gli ulivi millenari. Le sedie a sdraio chiuse e ripiegate, la sabbia rastrellata e di nuovo liscia. Tutto pronto per il giorno dopo. Quella luce speciale che c'è quando la giornata finisce, e il mondo si illumina di un ultimo bagliore.

Ma il mare che porto dentro, come un sasso levigato dall'acqua e raccolto sulla riva, è quello della mia adolescenza. È il Mar di Marmara. Uscivo di casa, con l'asciugamano al collo, attraversavo il giardino e andavo al mare a piedi. C'era una piccola baia dove potevamo noleggiare le barche a remi. C'erano i quattro ragazzi che affittavano le barche: quattro fratelli, i muscoli guizzanti, gli occhi scuri. C'era il venditore di *köfte*, le polpette di carne. E c'era lui, Yusuf.

A volte, invece, ci spingevamo più lontano, con il tram scoperto, che prendevamo di corsa.

Yusuf è stato il mio primo amico e primo amore. Avevamo undici, dodici anni, e fuori dalla porta di casa c'era un mondo intero da scoprire. Ma dentro, dentro il chiuso e la penombra della mia stanza, c'eravamo solo noi. Noi e il mio giradischi, i miei 45 e 33 giri. Noi e il corpo da scopri-

re: ma tu, ma io... Ma tu sai come si bacia? Ci proviamo?
Mi mostri come si fa?

E quella sera, a casa mia si dava una festa; i grandi chiacchieravano in salotto, le porte spalancate sul giardino, e il profumo dei tigli che entrava. Io e Yusuf in camera, il giradischi acceso, un bacio per provare, per vedere che effetto fa. Ma tu baci con la lingua, sei capace?

E all'improvviso, quel padre che non c'era mai e che poi c'era anche troppo, entra come un pazzo nella stanza, mi prende a schiaffi, mi strattona, urla: «Sei un pervertito!». Si volta, ora colpisce Yusuf. E vedo il sangue, che macchia il suo bel viso.

Di là mia madre, gli ospiti, i genitori di Yusuf, in silenzio.

Ricordo ancora tutto: l'umiliazione, le lacrime, l'incomprensione. Ricordo lo psichiatra da cui mio padre mi aveva trascinato il giorno dopo, come davanti a un tribunale; la sala d'attesa, nell'ospedale, i matti veri, le smorfie, la mia paura. Forse ero matto anch'io. Solo molti anni dopo avrei saputo che lo psichiatra lo aveva rimproverato: gli hai rovinato la vita...

Oggi mio padre non c'è più. Dov'erano le spiagge, ora c'è una strada. E io non ho più rivisto Yusuf. A parte quella volta, quando già vivevo in Italia, in cui ero tornato a Istanbul a trovare i miei genitori, e stavo camminando sul marciapiede verso la villa. Lui è passato, alla guida di un Maggiolino giallo. Bello, bellissimo. I nostri sguardi si sono incrociati, la macchina si è fermata, il finestrino si è abbassato.

«Sei proprio tu...» mi dice, piano. Poi, imbarazzato per il desiderio che subito riemerge, riempie il silenzio con una banalità qualsiasi: «Chissà se hai trovato il mio 33 giri di David Bowie, te lo ricordi? Non so dov'è finito». E la sua voce tradisce tutta la nostalgia del passato.

Non mi guarda. Non lo guardo.

«Lo cercherò...» rispondo, senza aggiungere altro.

Quei dischi, la mia stanza, le carezze. Per un attimo lunghissimo, il tempo sembra dimenticarsi di noi.

Sarei potuto rimanere lì per sempre, in piedi sul marciapiede, a guardarlo senza pronunciare una sola parola: immerso nei ricordi, e immaginando quello che potevamo ancora avere.

Poi Yusuf si volta. Nei suoi occhi leggo la domanda che il mio cuore vorrebbe ascoltare: «Lo vuoi un passaggio?».

La mia mano si avvicina alla maniglia, sto per aprire la portiera. Ma non lo faccio, ritraggo la mano e la infilo in tasca, per evitare la tentazione. «Scusami, adesso devo andare. A casa mi aspettano... Ciao.» E lo seguo con gli occhi mentre la sua auto gira l'angolo; mentre esce, ancora una volta, dalla mia vita.

«Mamma, ti ricordi Yusuf?» chiedo a mia madre a colazione.

«Certo. Taylan mi dice che è sempre bellissimo, l'ha intravisto per strada qualche settimana fa» mi risponde. Poi cambia discorso, è abilissima in questo. «E Mehmet, te lo ricordi?»

Sì, che lo ricordo. I miei lo avevano quasi adottato. Veniva da una famiglia povera, senza soldi per mangiare: letteralmente.

Mia madre aveva incominciato a insegnare pittura a scuola, senza essere pagata: era un modo per aiutare, per fare volontariato. Mehmet frequentava una sua classe. Era bravissimo, un vero talento. Avrebbe potuto essere il mio fratello minore, aveva dieci anni meno di me.

All'epoca io già sognavo il cinema, stavo per trasferirmi a Roma. Avevo imparato a memoria i film che mi avrebbero segnato per sempre: tutto Visconti, e *Divorzio all'italiana* di Germi, che mi aveva convinto che era lì che dovevo imparare a fare cinema, a Cinecittà, non a Hollywood.

All'inizio Mehmet capitava saltuariamente a casa nostra intorno all'ora di cena, approfittava della distrazione generale e si infilava di nascosto in tasca le polpette, le *köfte* speziate preparate secondo la ricetta segreta dei miei genitori, un piatto che si divertivano a cucinare loro due insieme, e non lasciavano mai preparare alla cuoca. (Anche se a me sembravano buonissime pure quelle che compravo al mare, con Yusuf.) Poi, mia madre ne scoprì tutta la fame, e si prese a cuore il suo destino. E con la scusa di dargli lezioni di disegno, lo tratteneva a cena.

Un giorno si seppe che era malato di tubercolosi. Mamma e papà lo fecero ricoverare in ospedale e si occuparono di lui come del figlio più bisognoso: le iniezioni, l'assistenza, le cure... Una volta vidi mio padre che gli tagliava la frutta e gliela metteva nel piatto: Mehmet era debole, pallido, avevano davvero paura che non ce la facesse. Era la prima volta che mio padre si comportava come un vero padre. Come non era mai stato con me. Gli ho voluto bene in quel momento, pur con l'amarezza e il rimpianto per tutto ciò che non avevo avuto.

Quando io partii per Roma e Taylan era già in America, i miei genitori decisero di aiutare Mehmet a costruirsi un futuro. Lo fecero studiare, lui era bravo, lo aiutarono a frequentare l'università. E se è diventato un ingegnere, lo deve alla bella signora bionda che lo amava come un figlio, l'ultimo dei suoi figli.

«Mehmet finalmente si è sposato. Ti devo far vedere le foto del matrimonio. Speriamo che abbia presto un bambino: vorrei fare in tempo a vederlo.» Fa una pausa, c'è qualcosa che mi deve dire. «Anche tu, cuore mio, dovresti fare dei figli, sai? Sei ancora in tempo. Fanne due o tre...»

«Mamma, io?»

Mia madre lo sa: ora nella mia vita c'è un uomo, e le piace il giovane uomo che non voglio nascondere né a lei né a nessun altro. Perché l'amore non fa differenze di sesso: l'amore sceglie e basta.

«Sì, proprio tu. Un modo si trova, lo sai? Se penso a tutto il tempo che hai sprecato con lei, con quell'orribile donna! E non avete neppure avuto dei figli. Ma ora finalmente ami e sei amato: fai un figlio con lui, cuore mio!»

Mia madre dolce e sorprendente, mia madre che aveva

sorrisi e attenzione da regalare a chiunque, a tutti i bambini che giravano per casa.

Un giorno mi diede una lezione di vera democrazia e civiltà. Avrò avuto dieci anni. Le dissi: «No mamma, non vado a portare niente dai greci. Sono pericolosi, sono degli assassini. Come gli armeni. Perché gli dobbiamo fare dei regali?».

Erano greci, i nostri vicini di casa. Quando riaprivano la loro villa di Istanbul all'inizio dell'estate, io andavo da loro con dei vassoi colmi di cibo, il benvenuto di mia madre. Vassoi che poi loro ci restituivano altrettanto colmi il giorno dopo: così volevano le regole dell'ospitalità.

Ed era armena una mia compagna di classe, che era scoppiata a piangere durante la lezione perché la maestra, una nazionalista convinta, arrabbiata, si era scagliata contro «quegli assassini di greci e armeni». Davanti a noi, bambini di dieci anni.

Mia madre quel giorno riuscì a tirarmi fuori, pazientemente, tutto l'accaduto. Mi spiegò, con calma, che non c'erano assassini, che quelle erano bugie, che non c'è da aver paura dei nostri vicini di casa, o di banco, o di confine. C'è da aver paura solo dell'odio e dei pregiudizi. E l'indomani si recò a scuola, con il suo tailleur più bello, per protestare. Fiera, sicura.

Dal preside fece chiamare la maestra, e spiegò le sue posizioni: con fermezza, senza esitazioni. Le disse che non avrebbe tollerato altre dichiarazioni di odio, altri messaggi incivili a dei bambini che assorbono tutto.

All'epoca non ero poi stato molto contento, perché la maestra incassò la lezione ma mi prese di mira; da quel momento non sarebbero mancati gli schiaffi e le punizioni, per un nonnulla. Ma oggi la ammiro, mia madre, per ciò che fece. Non ci sono vinti o vittime, dove c'è chi si batte per i diritti degli altri, è stata sempre questa la sua lezione.

Il cellulare

Quello che più ha ferito Anna, se ci ripensa, è stata la banalità. Per essere precisi: lo squallore, l'appiccicoso nauseante squallore della banalità del tradimento. Che ha scoperto per caso. Quella sera di shock, di morte.

Andrea in obitorio, dopo l'incidente, gli occhi, i suoi begli occhi, chiusi per sempre. Elena in ospedale, attaccata alle flebo: non ha ancora ripreso conoscenza, dicono i medici, ma se riesce a passare la notte, si riprenderà. E loro due, stravolti, finalmente nella camera dell'albergo.

Michele è già a letto, e dorme. «Sono distrutto» le ha detto quando sono rientrati. Si è infilato tra le lenzuola e si è addormentato di schianto. È tardi, davvero tardissimo, ma Anna continua a ripensare all'incidente: la moto che piomba addosso ai ragazzi, quegli attimi velocissimi in cui la morte cancella la vita. E il sangue, rosso, sull'asfalto. Il volto cereo di Andrea all'obitorio. Gli occhi azzurri chiusi.

Poi, un bip. Si guarda intorno. Il suo cellulare è spento. Allora deve essere quello di Elena, rimasto acceso nella borsa che i medici le hanno consegnato in ospedale. Si alza, fruga nella borsa della ragazza: eccolo, forse è meglio non spegnerlo, metterà il silenziatore. Ed è allora che un sms appare sul display: «Come va con i vecchietti?». Devono essere loro i vecchietti, pensa Anna, e sta per riporre il cellulare quando, in mezzo agli altri sms, lo vede: il nome di Michele. Suo marito?

E, violenti come un neon, un urlo, uno schiaffo, appaiono tutti i messaggi. L'ultimo, pensa che se lo ricorderà per sempre, parola per parola. È Elena che scrive: «Fotografamelo e mandamelo, ancora. Sai che mi piace».

All'inizio Anna non capisce, pensa stiano parlando di un documento, qualcosa di legato al lavoro. Rilegge gli sms, uno a uno. Ma non si tratta di lavoro. Quello che scorre è un vero epistolario erotico da quattro soldi, via cellulare. La più squallida cronaca di un tradimento. Elena e Michele: come ha fatto a non accorgersene?

Si volta verso il letto. Michele dorme. Come se niente fosse. Come se nulla fosse accaduto. Come se la sua amante non stesse, in quel preciso momento, lottando con la morte, in ospedale.

Per la prima volta nella sua vita Anna non sa cosa fare. È un tradimento che la ributta indietro nel tempo, a quando aveva nove anni e si nascondeva nell'armadio per sentire il profumo degli abiti della mamma che non c'era più, e il padre, il padre che avrebbe dovuto difenderla, proteggerla, stare sempre con lei, le aveva detto: «Traslochiamo, Annina. Andiamo da Sofia, l'amica di mamma, quella che ti sta simpatica. Non devi neppure cambiare scuola, è qualche strada più in là. Vivremo tutti insieme, andrà benissimo, te lo prometto».

No che non va bene, gli aveva urlato, disperata. «Io voglio la mamma...» E si era rifiutata di andare. Aveva pianto, supplicato di restare col nonno. E il padre si era convinto che era meglio così. Solo molto tempo dopo Anna aveva capito che la storia con Sofia probabilmente era cominciata prima che la mamma morisse. Ma non aveva mai chiesto nulla, non aveva mai voluto sapere e, soprattutto, non aveva mai perdonato suo padre.

E adesso, Michele. Anna lo guarda in silenzio, ancora incredula. Poi, lo sveglia. Gli porge il cellulare, senza aggiungere una parola. Una piccola, piccolissima, anzi grandissima parte di lei prega ancora di essersi sbagliata. Spera ci sia una spiegazione, magari assurda e non credibile, ma pur sempre una spiegazione. Che lui si arrampichi sui vetri, che provi a mentire, che dica che non è vero, che racconti una qualsiasi bugia...

Michele non guarda neppure il telefonino. Si alza anche lui. È surreale, questa resa dei conti con un uomo in mutande. Dice solo: «Prima o poi sarebbe venuto fuori. Mi dispiace che tu l'abbia scoperto così».

Anna gli urla: «Vai avanti, voglio sapere tutto, devi dirmi tutto...». E poi: «No, anzi, non dirmi niente». Lei che ha sempre pensato che un tradimento, sì, può capitare, ma un tradimento alla Anna Karenina, una passione che ti fa tremare i polsi, di quelle che ti fanno buttare all'aria tutta la tua vita, non una banale storia di scopate con l'assistente dello studio, così banale che per scoprirlo sarebbe bastato guardare dentro al cellulare. Il cellulare di Michele, quello che per rispetto non ha mai aperto finora, fidandosi. E certo sbagliando.

«Io la amo, Anna. Mi sono davvero innamorato. Mi dispiace. Pensavamo di dirtelo dopo Istanbul.»

«Stai scherzando, vero? Ti sei innamorato di Elena? Di lei?»

«Te l'ho appena detto, mi dispiace.»

Anna impallidisce. Poi, sente la sua voce improvvisamente dura, tagliente come una lama: «Ti dispiace? Mi dici che vuoi lei, che lei è la donna della tua vita, e intanto sei qui in albergo con me e lei è sola in ospedale? Ti rendi conto che ti sei pure addormentato mentre la donna che affermi di amare, in questo preciso istante, potrebbe morire?».

Michele non risponde.

«Sai cosa ti dico? Mi fai schifo. Vai, vattene in ospedale, vai da lei...»

Michele la guarda e continua a tacere.

«Non rispondi? Non hai niente da aggiungere? Preferisci tornartene a letto? E allora non preoccuparti: me ne vado io.»

Lo guarda, tremante di rabbia.

«Se penso a tutto quello che sei stato per me...»

Riesce a dirgli solo questo, prima di uscire, sbattendo dietro di sé la porta della stanza. E lui no, non le corre dietro.

LUI

Il glicine viola

Dalla finestra della mia stanza, vedo, poco più in là, la villa del glicine: ora abbandonata, le inferriate sprangate. Prima la pianta si arrampicava sulle finestre, formava una tettoia ombrosa; oggi cresce, ribelle e incolta, su tutta la facciata. Il giardino è pieno di erbacce, il tetto sta crollando. Taylan mi ha detto che la villa è stata venduta. Anche lì, tra poche settimane, ci sarà un cantiere, per erigere un palazzo. Quello che succederà a casa nostra.

Mia madre non dice niente. Quando le ho spiegato, di nuovo, stamattina, che la nostra villa verrà demolita e che ci siamo accordati per avere in cambio alcuni appartamenti, e che lei vivrà lì, nel più grande e bello, con un terrazzo pieno di fiori, ha sorriso e non ha detto niente. Ma forse anche lei è sollevata di andarsene, per sempre, da questa casa popolata da troppi ricordi. E da troppe persone che non ci sono più.

Il glicine della villa dei vicini sporgeva anche dal muretto divisorio sulla strada; da piccolo per gioco raccoglievo i grappoli, li mettevo in bocca, per capire che gusto avevano. Mi piaceva. Molti anni dopo, in un ristorante di New York, mi hanno servito alcuni piatti decorati con dei petali, fra cui ho riconosciuto quelli di glicine, e mi è venuto da sorridere. Mi sembrava di risentire il gusto della mia infanzia.

Ricordo i proprietari della villa, due signori anziani. Anziani... Forse non avevano neppure sessant'anni, ma ai miei occhi di bambino erano, certo, anziani. Lui tornava a casa ogni sera, poco prima del tramonto, e la chiamava, spingendo il cancello di ferro: «Serap, Serap!». Era il suo nome. Ma pronunciato con voce così carezzevole, così dolce, così piena di aspettative che era come se, ogni sera, le mormorasse: amore, amore... E lei, una bella signora, una pittrice, apriva il portone, usciva, lo aspettava sulla scalinata. E lo abbracciava, forte, come se fosse sempre il primo giorno, come se non lo vedesse da mesi, da anni, e invece era solo uscito quel mattino.

Le donne del vicinato? Be', erano invidiose. A noi bambini, invece, faceva ridere quella scena troppo romantica. Serap, Serap... ripetevamo, canzonandolo. Ma adesso so che è questo il punto dell'amore: avere qualcuno che ti aspetta davanti alla porta, la sera. Qualcuno che ti abbraccia. Qualcuno tra le cui braccia, anche se solo per un giorno e non per sempre, ti senti a casa. A me è successo: oggi, a Roma, mi aspetta un uomo senza il quale so che non potrei più vivere. Il mio unico eterno amore.

Amore. Che cos'ho imparato sull'amore? Quello che ho imparato sull'amore è che l'amore esiste. O forse, più semplicemente, quello che ho imparato e imparo sull'amore è quello che racconto nei miei film, in tutti i miei film. E cioè che non dimentichiamo mai le persone che abbiamo amato, perché rimangono sempre con noi; qualcosa le lega a noi in modo indissolubile, anche se non ci sono più.

Ho imparato che ci sono amori impossibili, amori incompiuti, amori che potevano essere e non sono stati. Ho imparato che è meglio una scia bruciante, anche se lascia una cicatrice: meglio l'incendio che un cuore d'inverno. Ho imparato, e in questo ha ragione mia madre, che è possibile amare due persone contemporaneamente. A volte succede: ed è inutile resistere, negare, o combattere.

Ho imparato che l'amore non è solo sesso: è molto, molto di più. Ho imparato che l'amore non sa né leggere né scrivere. Che nei sentimenti siamo guidati da leggi misteriose, forse il destino o forse un miraggio, comunque qualcosa di imperscrutabile e inspiegabile. Perché, in fondo, non esiste mai un motivo per cui ti innamori. Succede e basta. È un entrare nel mistero: bisogna superare il confine, varcare la soglia. E cercare di rimanerci, in questo mistero, il più a lungo possibile.

Il graffito

Anna esce sbattendo la porta. Michele non cerca neppure di correrle dietro. Si sono detti già fin troppo, e lei odia – come lui – le scenate. È abituata a stare calma, a ragionare; a trattenersi e parlare con fermezza, perché sa che la parola giusta, che destabilizza, incide e colpisce, non è quella urlata. Ma stavolta no. Stavolta è stato tutto troppo. Lo shock dell'incidente, la paura, la corsa in ospedale. Il viso di Andrea rigato di sangue. Quelle parole impossibili da ascoltare: «È morto». E poi, tutto all'improvviso, il mondo che si rovescia, si capovolge: suo marito la tradisce, da mesi, da anni forse... Non la ama più. Non la vuole più. Non cerca neppure di trattenerla mentre esce sbattendo la porta.

Quando la vede, il portiere di notte dell'albergo scatta in piedi, ma non dice nulla, anche se ha di sicuro notato il viso rigato di lacrime. Certo, non è normale che una donna, una signora straniera, esca a quell'ora con addosso un niente di seta rosa che forse potrebbe essere un abito da sera, ma che invece è la sua camicia da notte. Però non dice nulla: quante cose vedono, i portieri di notte. E tacciono.

Anna esce come in trance, vuole solo camminare, camminare. Ora, vuole solo camminare. In camicia da notte, senza borsa, soldi, documenti, cellulare. Ha lasciato tutto in camera, sul comodino, insieme alla collana di perle di sua madre.

La notte è fresca, quasi fredda. Anna trema, ma non per il

freddo: per la rabbia. Cammina per strade sconosciute: accanto al Pera Palace la notte sta finendo, i locali stanno per chiudere; presto si spegneranno le insegne al neon, le voci, le risate. Cammina senza meta. Cammina e comincia ad albeggiare.

Pensa ad Andrea, il suo corpo nel gelo dell'obitorio, in ospedale. Pensa che dovrebbe tornare indietro, non può lasciarlo solo. Non in questa notte di veglia, questa notte di morte. Ma non ne ha il coraggio.

Quant'è grande questa città? Quanto potrebbe ancora camminare? Sedici milioni di persone vivono a Istanbul, non diceva così la guida, ieri? La cifra l'ha stupita: non immaginava così tante. Già, ieri, al Topkapi: sembra una vita fa, varie vite fa. Cammina ancora. Non pensa più, ormai, cammina e basta.

Ed è proprio in quel momento che vede tre ragazzi disegnare un graffito su un muro, con lo spray. Una sta scrivendo, velocissima, in maiuscolo: «WHEN WAS THE LAST TIME YOU DID SOMETHING FOR THE FIRST TIME?».

Già, pensa Anna: quand'è l'ultima volta che ho fatto qualcosa per la prima volta? E capisce che la sua vita si è sempre mossa su binari fissi, prestabiliti. Niente deviazioni. Mai un colpo di testa, un cedimento, una tentazione. Forse oggi è la prima volta che ha davvero osato: ha sbattuto la porta in faccia a suo marito, e se n'è andata in giro da sola, in piena notte, in questa città sconosciuta.

Sposta lo sguardo sui due giovani che, poco più in là, stanno scrivendo: «*Keep calm and start a...*». Segue la mano di uno di loro che aggiunge l'ultima parola: «*revolution*». Stai calmo e comincia una rivoluzione! Le piace.

D'impulso, si avvicina, raccoglie da terra una bomboletta di spray, rosso, la agita, la apre e sottolinea la parola «*revolution*». Lei, che non avrebbe mai «sporcato» un muro in vita sua. Lei, che non scenderebbe mai in piazza a fare la rivoluzione.

I ragazzi, divertiti, la guardano. Stramba davvero questa signora in camicia da notte. Poi uno di loro le va incontro sorridendo. «*Tesekkürler*» le dice. «*Thank you.*» Continua a sorriderle. Un sorriso che forse è un invito. E le fa un cenno con la mano.

E Anna? Anna... Ci sono momenti nella vita in cui facciamo cose senza sapere davvero perché. Come spinti da una forza inarrestabile, da qualcuno o qualcosa.

E Anna lo segue.

Haydarpaşa

Non riesco a dormire. C'è qualcosa che mi turba stanotte, e non è solo la camera piena di ricordi. È un silenzio a cui non sono più abituato. Questo quartiere, penso, una volta era pieno di voci. I venditori ambulanti passavano gridando il nome della loro merce; poi, verso le dieci di sera, arrivava il mercante di *boza*, una bevanda a base di grano fermentato, con acqua e zucchero, ma dal sapore acido: color bianco sporco, gusto forte, deciso. Per chi lo desiderava, una spolverata di cannella. *Boooo-zaaaa...* La compravamo sempre. Una bomba di energia. Ecco, ora mi piacerebbe berne un bicchiere! Chissà, magari mi aiuterebbe a calmarmi.

Mi alzo, non riesco a rimanere in camera, forse camminare mi farà bene. Attraverso le stanze piano, per non svegliare nessuno. Oltrepasso il salotto, dove il riverbero della luna che entra dalle finestre illumina le calle bianche nel vaso di cristallo. Mia madre adora le calle, non sono mai mancate a casa nostra, anche una sola in un vaso lungo e stretto: era il suo tocco leggero e femminile, il suo modo di sentirsi, ogni giorno, elegante e felice.

La villa è profondamente addormentata. Tutto sembra dormire. Dorme mia madre, dorme la badante. E paiono dormire anche i tigli. La notte ha avvolto il nostro giardino.

Giro intorno alle mura della villa, sfioro con la mano il tronco degli alberi, che da piccolo mi sembravano enor-

mi. La porta del garage non è chiusa, mi basta sospinger-
la. Mentre entro, inciampo nella ciotola di Tommy, il cane
che avevamo quando ero bambino. Chissà come mai è ancora qui, quella ciotola abbandonata e sporca. La raccolgo,
mi avvicino alla fontanella e la riempio, quasi aspettando-
mi che dal buio sopraggiunga il suo padrone.

Mi guardo intorno, sono anni che non mettevo piede qui
dentro. Allineate, e in perfetto ordine, ci sono le automobili
di mio padre. La Mercedes bianca decappottabile e la Buick
nera, che mi ha sempre inquietato. La Buick, una macchina che tutti ci invidiavano nel quartiere, perché era consi-
derata il vero simbolo del lusso, della ricchezza. Del resto,
papà ha sempre avuto gusti raffinati.

Apro piano la portiera, mi siedo dentro. La pelle dei se-
dili è ancora morbida. Chiudo gli occhi e mi sembra ancora
di vederli salire: papà alla guida, le mani con i guanti stret-
te al volante; la mamma nel sedile accanto, i capelli protetti
da un foulard di seta, per permettere al vento di entrare dal
finestrino aperto. Mio padre, un uomo sempre così elegante, e sempre imprevedibile. Sapeva recitare a memoria le
poesie di Hikmet, dissertava di Steinbeck e di Hemingway,
e dieci minuti dopo poteva prenderti a schiaffi.

Allungo la mano e cerco la chiave nella tasca dove la riponeva sempre; è ancora lì. La infilo nel cruscotto e provo ad accendere il motore: parte senza un'esitazione. E se
uscissi a fare un giro? Oltrepasso piano il cancello e mi la-
scio inghiottire dalla notte di Istanbul.

È allora che li rivedo, loro due, in macchina, così giovani e felici. Felici, magari solo per mezz'ora. Come la volta in cui papà all'improvviso le aveva detto: «Preparati,
indossa il tuo abito blu, stasera ti porto a cena al Cercle
d'Orient». E lei era corsa in camera e aveva tolto dall'armadio il più elegante dei suoi vestiti. Sulle labbra appena un'ombra di rosa.

Poi mio padre mette in moto la Buick, oltrepassa il cancello, in silenzio percorre viale Bağdat, proprio come sto

facendo io adesso. Sullo sfondo le luci della città. Sarà una serata speciale, deve pensare la mamma.

Ed ecco che mio padre frena bruscamente, si gira verso di lei e la colpisce. Una, due volte... La schiaffeggia senza neppure togliersi i guanti. Perché? Per rabbia. Per gelosia. Per un motivo futile qualsiasi.

Che cosa ho fatto? vorrebbe chiedergli mia madre. Ma tace.

Eppure lei non è mai stata una donna debole, anzi, in tutti quegli anni da sola, con un figlio in collegio e uno piccolo a casa, ha mostrato di saper dominare l'incertezza. Eravamo ricchi: c'erano gli appartamenti in affitto, che ci sarebbero dovuti bastare per vivere tranquillamente. Ma gli affittuari non pagavano, sapevano che lei era sola; è così facile approfittarsi di una donna sola...

Un giorno mi portò in una villa isolata, poco lontano dalla città; dentro, mobili accatastati, quadri, tappeti, specchi, tutti coperti con lenzuola bianche. Polvere, tanta polvere. Sembrava un museo abbandonato.

Era la villa di mia nonna, la «principessa ottomana». Bisognava venderla, e per fare più in fretta, con tutto il mobilio, con tutto quanto c'era dentro, e che era un po' anche la nostra vita. Quando ce ne andammo, la mamma si chiuse dietro la porta con un sospiro, ma senza piangere.

Mi aveva portato lì forse solo per farmela vedere almeno una volta, io che ero ancora piccolo e non potevo aver memoria di quel luogo; per farmi respirare quell'atmosfera magica da impero ottomano, quella ricchezza persa ormai per sempre.

Se solo ci fosse stato mio padre... Eppure, mia madre per anni non disse mai una parola contro di lui. E poi, quegli schiaffi.

Ma è stata felice, lo so. È stata una donna felice perché ha saputo amare. Non si è mai arretrata di fronte all'amore. Continua a ripeterlo anche adesso: bisogna amare, bisogna avere il coraggio di amare.

Ha amato mio padre, nonostante l'assenza, nonostante le

menzogne, nonostante la violenza. E ha molto amato anche il suo primo marito, il padre di mia sorella Filiz. Bello, bellissimo, i baffi alla Clark Gable, gli occhi vivaci. Lo amava immensamente, e lo sposò per amore. Poi l'amore sfumò.

Eppure, quando lui morì, non molti anni fa, mi disse: «Oggi è un giorno tristissimo per me. È morto il mio primo marito, e un pezzo di me se ne va per sempre».

«Ma mamma, avevi divorziato, lui ti tradiva! E dopo hai sposato papà. Vuoi farmi credere che lo amavi ancora?»

Lei mi guardò stupita e mi rispose quasi delusa: «Ma come, proprio tu che sei un regista e racconti l'amore ti sorprendi che si possano amare due persone contemporaneamente? E per tutta la vita».

Quante cose non so di mia madre. Silenzi, segreti. E poi quel giorno alla stazione.

La stazione di Haydarpaşa, un capolavoro di architettura che si specchia nel Mar di Marmara: così bella che adesso vogliono trasformarla in un hotel di lusso. È lì, sulla riva del mare, già dalla fine dell'Ottocento: treni e acqua, binari e cielo, e i ferry che portano i passeggeri. Poi, nel 1906 vennero chiamati degli architetti tedeschi per costruire il nuovo edificio, che infatti assomiglia un po' a un castello, uno di quelli delle favole sul Reno. Da qui partivano i treni per Baghdad, per Damasco e Aleppo, quando ancora queste città non evocavano bombe e guerra, erano solo destinazioni di un Oriente vicinissimo. Da qui partivano, soprattutto, i treni per Ankara. Prima di allora c'ero stato solo una volta, piccolissimo, probabilmente per vedere le locomotive: una gita-dono per un bambino curioso. E poi, la seconda volta, quel giorno.

Eravamo a casa noi due soli; io malato, un po' di febbre, o forse semplicemente svogliato. All'improvviso mia madre mi chiama, mi veste, mi avvolge in un cappotto, doppia sciarpa – può fare molto freddo a Istanbul d'inverno, la neve arriva e ci sorprende sempre –, e chiama un taxi. Non parla, mi stringe forte, e in taxi piange.

Io sono piccolo, le sto ancora in braccio, quasi imprigionato dalla sciarpa. Il suo golf nero, contro cui mi tiene stretto, è intriso di lacrime. Lacrime le rigano il viso. Non singhiozza, non si asciuga, non dice niente, piange e basta.

In stazione cammina tenendomi per mano, forte, ed è come se fosse in trance, o sono io che la ricordo così. Passiamo sotto le volte affrescate, attraversiamo le grandi porte di legno. Haydarpaşa, con le sue volte di inizio Novecento, più che una stazione è quasi un teatro, e chissà quanti drammi ha visto accadere, quanti addii e quanto amore...

Arriviamo al binario. Fermo ad aspettarla c'è lui.

Quest'uomo alto e bello io lo conosco: è il nostro vicino di casa, quello che mi sorride attraverso il cancello del giardino; quello con la moglie sempre a letto, le finestre sempre chiuse. A noi bambini lei fa paura.

La mamma lascia la mia mano per un attimo, un attimo che sembra lunghissimo, per abbracciarlo. Continua a piangere, in silenzio. Il viso immobile, muove appena le labbra. Cosa gli avrà sussurrato all'orecchio? Gli avrà detto: ti amo ma non posso seguirti?

Lui, l'uomo che da allora l'avrebbe chiamata ogni anno, ogni 13 di febbraio. Quel giorno la mamma non si spostava dal salotto – avevamo un solo telefono, con il disco rotondo – e a un'ora precisa, sempre a quell'ora, lo squillo. Era lui, certo. Mia madre alzava la cornetta e rimaneva in silenzio. Non una parola. Non si dicevano niente. Forse tutto ciò che gli doveva dire, lei gliel'aveva sussurrato quel giorno, in stazione, con l'acqua e il cielo che riverberavano fuori, e io testimone inconsapevole al suo fianco.

Non so quanto sia durato l'addio in stazione, forse l'ho solo sognato, ho sognato mia madre che sognava una nuova vita, un'altra vita. Sognava di salire su quel treno che non aveva saputo prendere.

Ormai sta albeggiando, devo tornare a casa. Tra poco tutti si sveglieranno, farò colazione con la mamma.

Mentre faccio un'inversione, vedo camminare sul marciapiede una donna sola, indosso un abito leggero, una camicia da notte di seta rosa, o forse un vestito da sera. Troppo leggero per quest'alba di primavera.

La donna guarda fisso davanti a sé, come incantata. Una sonnambula.

Mi volto per osservarla meglio ma lei ormai ha già girato l'angolo. Cammina veloce come chi ha paura di mancare un appuntamento o come se, invece, non le importasse più di tanto dove va.

LEI

Murat

«Vuoi un caffè?» le chiede il ragazzo dei graffiti, ma non è una domanda. La prende per mano e la conduce in un piccolo bar, in una stradina nascosta, che deve avere appena aperto.

Un cameriere sta mettendo alcuni bicchieri fumanti di tè su un vassoio tondo di metallo, poi se lo sistema in equilibrio a tracolla ed esce per le prime consegne del mattino. Proprio davanti al locale, sul piano del suo banchetto, un ragazzo è intento a spremere melograni, e il loro succo è di un rosso intenso e vivido.

A un tavolino accanto a loro, due anziani si stanno già sfidando a una partita di backgammon, tirano i dadi e fumano senza distrarsi. Sullo sfondo, la voce dello speaker di un radiogiornale. È un'altra Istanbul, questa.

Il caffè è molto zuccherato: troppo, pensa Anna. E intanto guarda quel giovane sconosciuto, che l'ha portata fin lì, bere in silenzio il suo tè da uno di quei piccoli bicchieri di vetro.

Il ragazzo dice di chiamarsi Murat. Gli deve credere? Perché no. In fondo, non ha l'aria di un delinquente. È un bel ragazzo, gli occhi di brace, i capelli nerissimi, un sorriso quasi magnetico. Vestito come si vestono migliaia di suoi coetanei in tutto il mondo, una T-shirt qualsiasi e un paio di jeans.

Le racconta che è iscritto all'Accademia di Belle Arti e

che vuole diventare un artista, esporre in tutto il mondo e, chissà, partecipare un giorno alla Biennale di Venezia («Ma abbiamo una bellissima Biennale anche qui» le dice orgoglioso). Per mantenersi, però, ora deve lavorare di sera come cameriere in un ristorante.

Ma soprattutto le racconta della «sua» Istanbul. Di chi sta cercando di distruggere parchi e vecchie ville per far posto a hotel di lusso e shopping center; della paura diffusa fra la gente di un'islamizzazione sorda e autoritaria; della voglia degli studenti di resistere, della loro protesta, anche solo attraverso un graffito colorato dipinto sui muri.

Le dice di una centrale elettrica abbandonata che è diventata un centro d'arte, e mentre lo fa i suoi occhi si illuminano.

Non è questa l'Istanbul che ha conosciuto finora, pensa Anna, non è quella di cui ha sentito parlare.

«Hai il nome di un soldato, Murat» lo interrompe lei. Cosa c'entra? Niente. Ma tanto non c'è più nulla di logico nella sua vita; ha solo voglia di dirglielo, e basta. Gioacchino Murat, il generale coraggioso: ecco un'altra delle storie del nonno. Un giorno le aveva anche mostrato su un libro di storia il ritratto di Murat da giovane: fiero, la giacca bianca e rossa con gli alamari dorati e le medaglie, i riccioli neri quasi sul collo.

«Era un soldato francese che diventò generale, sposò la sorella di Bonaparte e regnò su Napoli. Non ne hai mai sentito parlare? Gioacchino Murat.»

Il giovane turco che, anche lui, ha i riccioli neri spettinati e ribelli, ride: «Mai sentito. Murat è un nome molto comune da noi, è il nome di un sultano, anzi, di una dinastia di sultani ottomani. Niente a che vedere con i vostri francesi».

«Sai cosa mi raccontava mio nonno? Che era così sprezzante del pericolo, che un altro generale dichiarò, dopo una battaglia particolarmente sanguinosa: "Sarebbe meglio che Murat fosse dotato di meno coraggio e di maggior buonsenso". E quando, imprigionato, venne condannato alla fucilazione, in Calabria, furono queste le sue ultime parole:

"Risparmiate il volto, mirate al cuore, fuoco!".» Il nonno. Che le raccontava storie di fiori, di donne avventurose, ma anche di battaglie e di coraggio.

«Che cose buffe sai!» esclama Murat dai riccioli neri. E sorride, un po' beffardo.

Si guardano ed è come se Anna leggesse, negli occhi di quello sconosciuto, una domanda: «Chi sei e da dove vieni? E, soprattutto, che cosa fai in giro da sola di primo mattino, invece di essere in coda a vedere il Topkapi, come ogni brava turista?».

«Sono italiana» dice Anna. «E ho litigato con mio marito.»

Come presentazione è un po' strana, ma in questa mattinata assurda può andar bene. E mentre parla, l'occhio le cade sulla mano sinistra che sta giocando con la tazzina vuota del caffè. La fede! Porta ancora la fede.

«Sei in fuga da tuo marito, allora» ribatte Murat, e non è una domanda.

«Diciamo che per ora non ho voglia di tornare in albergo. A proposito, non ho con me nulla, neppure il portafogli. Il caffè, temo, dovrai pagarlo tu.»

«Forse posso offrirti qualcosa di più di un caffè» propone Murat. Si alza, lascia i soldi sul tavolo, le fa segno di seguirlo.

E mentre escono in silenzio dal bar, Anna si sfila la fede e la butta per terra, come se si liberasse di un insetto, come se spazzasse via una briciola.

La moto di Murat è all'angolo. Lui si toglie il giubbotto di jeans e glielo porge. E quel gesto in fondo è un invito: a scoprire la sua Istanbul.

E Anna accetta. Si infila il giubbotto su quell'abito di seta che va bene per dormire, per ballare forse, ma non per girare da sola in un mattino freddo. Sale sulla moto e si avvicina a Murat. All'inizio prova una sensazione di imbarazzo a stringerlo a sé: tutto sommato, è uno sconosciuto. Ma poi, mentre la moto corre veloce per la città che si sveglia al sole, farlo diventa più naturale.

Lo abbraccia, ne sente i muscoli sotto le dita. Un corpo

giovane, straniero, estraneo, ma improvvisamente così vicino. I riccioli neri di Murat le sfiorano il viso. Da quanto tempo non andava in moto. Da quando? Respira.

E per un attimo la invade una sensazione di inebriante libertà.

Yusuf

«Lo sai, vero, che è morto?» dice Taylan entrando in sala, mentre io sto aspettando la mamma per il nostro tè del mattino.

Odio mio fratello quando mi sbatte in faccia le brutte notizie così, senza neppure pensare all'effetto che possano avere sugli altri; quasi con il gusto sottile di chi vuole sbarazzarsene il più presto possibile.

«No, chi?» rispondo automaticamente. E penso a qualche vecchio parente, qualche prozio che non vedo da tempo, cugini di secondo o terzo grado dimenticati. C'è sempre qualcuno che muore, nelle famiglie numerose.

«Ma come, non l'hai saputo? Yusuf.»

Il nome mi arriva come un pugno nello stomaco. I ricordi mi risucchiano, e il suo bel viso appare da lontano, molto lontano. No che non lo sapevo, e non è possibile, è ancora così giovane...

«Pare si sia suicidato. Ieri. L'abbiamo saputo stamattina. I funerali sono già oggi.»

Suicidato.

Vorrei non essere qui, non in questo salotto, con mio fratello che aspetta che io dica qualcosa; con mia madre che sta arrivando lentamente – sento i suoi passi in corridoio – accompagnata dalla badante. Vorrei averlo saputo lontano, a Roma, nella mia vita di oggi, distante migliaia di chilometri da Istanbul. E poter ripensare a Yusuf com'era, lo sguardo azzurro e limpido di un ragazzino, i pomeriggi passati abbracciati nella barca, nella baia di Kalamış, nel caldo e nella penombra. La voglia di lui: la prima volta che desideravo un altro corpo, che un altro corpo mi eccitava.

Vorrei essere salito in macchina con lui, l'ultima volta che ci siamo incontrati. Vorrei avergli detto: andiamo a prendere un caffè, come stai, ripensi mai a noi?

Vorrei avergli confessato che il suo ricordo mi ha accompagnato in tutti questi anni, intatto come la sua immagine. E di quanto mi ero commosso leggendo dell'imperatore Adriano e del suo grande amore per Antinoo, morto suicida, giovanissimo. Un amore eterno, perché Adriano ne aveva fatto scolpire il viso, i riccioli e la bellezza in decine di statue, così che ne rimanesse memoria nei secoli, fino a noi. Mi ero commosso, quando avevo letto quelle pagine della Yourcenar, e avevo pensato a lui. Perché in fondo per me Yusuf era così, immutato nei ricordi. E lo sarà per sempre.

«Ma perché?» mi chiedo, inutilmente. Non c'è mai un perché quando una persona rinuncia a vivere. Quando sceglie il buio, invece della luce. Non c'è mai un perché, o meglio, ce n'è uno solo: il mal di vivere. La fragilità.

Ci sono persone troppo fragili, ed è proprio questa la loro debolezza ma anche la loro bellezza: un'immensa fragilità, quasi fossero fatti di cristallo, così trasparenti e luminosi, ma difficili da maneggiare, anche per gli altri. Non resistono agli urti della vita, agli ostacoli, agli ammaccamenti, alle cadute. È per questo che Yusuf si è ucciso? Forse, ma le spiegazioni del dopo sono inutili. Il mal di vivere ti afferra alla gola, ti avvelena lentamente; quando prendi i sonniferi, quando ti butti dalla finestra, quando scegli il buio, in realtà ti sei già ucciso piano piano, migliaia di volte. La morte, allora, è una liberazione.

Domani sarei dovuto tornare a Roma. Il volo è prenotato, alcuni appuntamenti già fissati: il nuovo film mi aspetta. Telefono e disdico ogni impegno. C'è una sola cosa che voglio fare: rimanere. Dire addio a Yusuf.

Quando, poche ore dopo, mi affaccio nel cortile della moschea, è già pieno di gente. Sono già tutti qui, gli amici di un tempo. Che ora mi guardano con sorpresa. Alcuni non li vedo da molti anni...

Nella mia vita sono stato a così pochi funerali islamici che, anche quando è morto mio padre, non sapevo esattamente cosa fare. E ho dovuto imitare mio fratello. Perché ci sono dei gesti precisi, rituali, che accompagnano l'estremo saluto, come del resto in ogni cultura. Il corpo viene lavato dai familiari, o da amici dello stesso sesso della persona deceduta, come stanno facendo gli amici e i fratelli di Yusuf. La testa, posizionata verso la Mecca, è sollevata per permettere all'acqua tiepida di scivolare dolcemente via. E il lavaggio va compiuto un numero dispari di volte; l'ultima volta, dopo che il corpo è stato profumato con canfora, viene avvolto in teli bianchi. Dispari anche questi: tre.

Assisto, in disparte, da solo. Mi tengo indietro, non voglio partecipare, mi sembra troppo intimo. Mi tengo indietro e guardo Yusuf da lontano. Ha l'aria serena, gli occhi azzurri chiusi e le lunghe ciglia che gli ombreggiano il volto. Bianchissimo, del pallore della morte. Ma sul volto riconosco le tracce del ragazzino che è stato, che ho conosciuto e amato.

Anche se è un uomo, adesso. Un maschio adulto e forte. E il corpo scolpito, muscoloso, quasi perfetto, non è più quello che io ho abbracciato.

Yusuf: vorrei accarezzarlo un'ultima volta, ma non mi avvicino. Per pudore, forse. O per tristezza.

Mi pare di sentire ancora la sua stretta, la forza trattenuta che aveva quando mi abbracciava. Ci nascondevamo sul fondo della barca, in quelle estati a Kalamış, cullati dall'acqua, dal caldo, dalla brezza. Abbracciati. Allora, non sapevo dare un nome a ciò che provavo, ma era una sensazione inebriante, stordente: corpo, pelle, sensualità. L'ho capito molto dopo, cos'era. Quando ho cominciato a leggere delle amicizie fra ragazzi nell'antica Grecia. Educazione sentimentale, alla vita, tra maschi. Nulla di strano, qualcosa di incredibilmente normale. Proprio come lo era stato per me e per lui.

Innamorarsi a dodici, tredici anni delle prime ragazze, portarle da Köhne, a bere il tè in spiaggia, e i primi baci... Ma insieme innamorarsi anche di un ragazzo. E con lui correre, fare la lotta, confrontarsi.

Nell'antica Grecia, capitava che con quel ragazzo ci andassi anche in guerra. Che lo vedessi morire accanto a te, il petto che avevi accarezzato trafitto da una lancia, il suo sangue che arrossa la sabbia.

Innamorarsi. Imparare a crescere e a diventare uomini. Era stato così per me e Yusuf.

Un giorno, mentre giocavamo a calcetto in spiaggia, sono caduto. La gamba piegata, non riuscivo a camminare. Lui mi ha soccorso e portato quasi in braccio a casa. Poi la sera è tornato, per sapere come stavo.

Un'alleanza, la nostra, fatta di forza e di tenerezza. Che mio padre ha spezzato, infangandola. E ora, Yusuf non c'è più.

Esco dalla sala. Nel cortile della moschea aspetta la madre di Yusuf. È di spalle, fissa il vuoto. Mi avvicino, lei mi abbraccia e scoppia a piangere. «E adesso, come possiamo seppellirlo?» mi sussurra. «È così bello, mio figlio. Come faccio a lasciarlo da solo?» È vero: era bellissimo, Yusuf. È stata anche questa la sua disgrazia.

Poi mi guarda meglio, ed è come se solo ora mi riconoscesse davvero. «Sei tu, anima mia... Sai che Yusuf a volte entrava in cucina mentre preparavo la cena, o mi raggiungeva all'improvviso in salotto, e senza una vera ragione» si interrompe, mi accarezza «trovava il modo di pronunciare il tuo nome. Raccontava qualcosa di te.»

In tutti questi anni non mi ha mai dimenticato.

Ricominciare

Forse dovrebbe chiamare qualcuno, pensa Anna quando decide di non rientrare in albergo. Chiamare qualcuno e sfogarsi, spiegare che cos'è successo, provare a capire. Ma chi può chiamare? Si accorge di essere improvvisamente, inspiegabilmente sola, nonostante la sua vita piena e frenetica. Che però girava tutta intorno a Michele. Il lavoro, e Michele.

Poi pensa a Lisa, la bambina che viveva nel pianerottolo accanto, quando lei si è trasferita – fuggita, forse, è la parola giusta – a casa del nonno. Aveva i codini fermati con due elastici e i capelli neri. Veniva da una famiglia che agli occhi di Anna sembrava perfetta nella sua normalità: un padre, una madre, una figlia. La famiglia che lei avrebbe voluto avere. Quella che aveva perduto. Tutto normale, «noiosamente normale» ripeteva Lisa.

E Anna si era infilata in quella famiglia «noiosamente normale» come un gatto che entra dalla finestra e si acciambella sul divano. Ma poi, come spesso accade, crescendo la sua amica d'infanzia l'aveva persa per strada, anche se abitavano addirittura nello stesso quartiere. Perché Anna non aveva mai tempo da concedersi, sempre di fretta, sempre qualcosa di più urgente da fare. Figuriamoci se ne aveva da concedere alle amiche! E poi Lisa aveva avuto due bimbe e i bambini ti interessano solo se sono i tuoi, pensava Anna. E a lei proprio non interessavano. Aveva altro di cui occuparsi: lo studio, il lavoro, la carriera, i clienti. E Michele. Già, Michele.

Un pensiero insidioso, fastidioso, le si fa strada nella mente, mentre chiede a Murat di aspettarla, ed entra al Pera Palace. Suo marito è uscito, le dice il concierge. «Bene» pensa Anna aprendo la porta della camera. Non vuole incontrarlo, non ancora.

Si spoglia, indossa un paio di jeans puliti, una camicia, e afferra una giacca. Poi comincia a gettare alla rinfusa qualcosa dentro una sacca: lo spazzolino da denti, un maglione, della biancheria. Si ferma. A cosa le serve tutto questo? A nulla. Prende dal comodino il portafogli e il cellulare. Si guarda intorno, i vestiti di Michele sono sparsi un po' ovunque per la stanza. «Dunque è così» pensa. «Ho amato un uomo che mi ero inventata.» E scoppia a ridere: un riso amaro, quasi isterico. «Michele, quale Michele. Michele non esiste. Ho amato un uomo che era solo nella mia testa.»

Esce in fretta dall'albergo e solo girando l'angolo, prima di raggiungere Murat, si ricorda della collana di perle di sua madre, che è rimasta sul comodino. Si ferma, indecisa, ma è solo un attimo, quanto le basta per capire che non vuole rientrare in quella stanza. Che ormai ha chiuso con ciò che è stata. E con un gesto rapido si infila la mano in tasca, prende il cellulare e lo butta nel primo cestino per strada.

Murat la sta osservando. Non dice niente, sorride e le strizza l'occhio.

Sorride anche Anna: non ha mai fatto niente di così assurdo, di così inaspettato. Ma forse è arrivato il momento di strapparsi di dosso la sua vita come un vecchio vestito, e ricominciare daccapo.

Sinema, Sinema

Il corpo di Yusuf è avvolto nel lenzuolo bianco, dentro la fossa. Non c'è bara. Appoggiato a contatto con la terra, quasi indifeso. È il momento dell'addio: in silenziosa processione, uno dopo l'altro buttiamo su di lui manciate di terra. Accanto a me, a dirgli addio, ora c'è anche Neval. Il mio più grande amore, dopo Yusuf. Sì, una donna. Perché è vero: l'amore non fa differenze. Io ho conosciuto moschee e ho conosciuto chiese. Ho amato uomini e amato donne. O forse ho semplicemente amato i ribelli, chi prova a camminare a testa alta.

Neval è ancora bellissima, i capelli neri e lunghi raccolti come un tempo in una coda di cavallo, con noncuranza. Mi saluta con un sorriso. È quella di sempre, con la stessa fierezza e la ribellione che riconosco in un lampo dei suoi occhi. Non la vedo da anni. È venuta con suo marito, grande amico di Yusuf, uno di quelli che ne hanno lavato, dolcemente, il corpo. Vorrei stare un po' con lei, con loro. Parlare di Yusuf, di quello che eravamo. Noi, gli amici di un tempo.

«Andiamo a bere un tè insieme?» propongo. «Non ora» risponde Neval, infilandosi un paio di occhiali scuri per nascondere la commozione, o la stanchezza, o tutt'e due. «Non ora. Ci stanno aspettando davanti a Emek. Hanno organizzato una manifestazione, l'ultima, per salvare il cinema.» Mi guarda con un sorriso amaro, mi bacia e si allontana. Li seguo con lo sguardo finché voltano l'angolo. I miei amici di un tempo. Quasi fratelli.

Emek Sinemasi è la prima sala cinematografica dove sono entrato in vita mia, dove ho capito che cosa sia, che cosa possa essere, fare cinema, vivere nel cinema. Il cinema-teatro costruito negli anni Trenta, un gioiello della Turchia di Atatürk, ma anche un gioiello dell'Art Déco: il parterre con le poltroncine di velluto rosso, e poi i palchi, le luci diffuse... E adesso lo vogliono demolire.

Cammino, in silenzio, nelle vie intorno al cimitero, senza una meta, indeciso su dove andare, cosa fare. Poi d'improvviso risento la voce di mia nonna, quando diceva: «Cosa fanno al Cité? Cosa fanno da Emek? Se fanno un film con la leonessa, andiamo». La leonessa era il leone ruggente della Metro Goldwyn Mayer. Ma io non potevo ancora andare al cinema, ero troppo piccolo: allora l'ingresso era vietato ai bambini sotto i sette anni. Così quando mio fratello tornava dal cinema con la nonna, lo tempestavo di domande: il cinema, il cinema, cos'è il cinema?... Non riuscivo a capire. Restava solo quella parola magica: «sinema».

Poi un giorno mia nonna decise che mi avrebbe portato, anche se non avevo ancora l'età giusta: un'avventura, una vera trasgressione. Io ero eccitatissimo: per la prima volta facevo una cosa da grandi, e in segreto, senza poterlo dire a nessuno. Non doveva saperlo neppure la mamma.

E la nostra piccola spedizione partì: io, lei e Diamante, fino all'ingresso imponente del palazzo. Ricordo l'emozione di quando finalmente entrai nella sala enorme, bellissima, immersa in una penombra che mi incuteva soggezione. Tutto sembrava così grande, o forse ero io così piccolo.

Mi ero seduto sulla poltroncina di velluto rosso, i piedi non toccavano terra. La nonna voleva prendermi in braccio, per farmi vedere meglio, ma io no, volevo sentirmi adulto, nella poltroncina da solo: io e «sinema», io al cinema.

Davano, lo ricordo ancora, *Cleopatra*, il mitico *Cleopatra* con Liz Taylor e Richard Burton. Ero lì, stregato dalle figure che si muovevano gigantesche e colorate sullo schermo. Liz Taylor con gli occhi bistrati, sensuale e bellissima. Non riuscivo a staccarmi da quegli occhi, lo sguardo viola, il trucco blu, aveva qualcosa di soprannaturale. E poi era tutta vestita d'oro; quando arriva a Roma, con il corteo trionfale, indossa un abito scintillante, i diademi egiziani in testa, da regina. E Richard Burton vestito da guerriero. Bello, certo, un vero eroe. Ma io avevo occhi solo per lei, Liz: la prima delle dive che avrei amato. E poi la morte, il serpente che la uccide...

Ubriaco di immagini, stanco, emozionato, quando uscii dal cinema non riuscivo quasi a camminare. Tornai a casa addormentato, portato sulle spalle da Diamante. Il film già sogno, Roma già il mio futuro.

Dopo di allora ci sono stati i cinema a Istanbul d'estate, i cinema all'aperto nel mio quartiere, a Kalamış. Una, due, tre volte alla settimana. All'entrata compravamo le pannocchie tostate e la gazzosa, e per stare più comodi si poteva affittare un cuscino, o te lo portavi da casa. Il pubblico? I nostri vicini, come se il quartiere si riunisse per una festa in cortile. E il mare dietro lo schermo, come sottofondo, il mare sempre.

Proiettavano film stranieri in lingua originale, sottotitolati. Ricordo l'incantamento del *Dottor Živago*; la struggente storia d'amore di Lara, la Russia coperta di neve, la rivoluzione. Mi commuovevo, ogni volta che lo rivedevo. E poi *Quando volano le cicogne*, *Lawrence d'Arabia* e *La figlia di Ryan*... Ma anche *My fair lady*, la Londra in musical, l'happy ending. In fondo sono queste, le due note ricorrenti nei miei film: lo struggimento e la leggerezza.

Non c'erano, però, solo film stranieri. Anche a Istanbul si faceva cinema: a quel tempo, era come Cinecittà, come Bollywood, una grande macchina di sogni. Anzi, negli anni Sessanta c'erano set a ogni angolo di strada, proprio come oggi a Manhattan. E i film turchi erano apprezzati, riscuotevano successo. In qualcuno recitò anche mia sorella. Ero così emozionato quando la vedevo sullo schermo, e avrei dato qualsiasi cosa per andare a trovarla sul set, ma non si poteva. Il cinema – quantomeno fare il cinema – rimaneva una faccenda da grandi. E allora, per il momento, io mi limitavo a nutrirmi di film, e non mi stancavo mai di vederli e rivederli.

Ma Yusuf e io avevamo un nostro cinema preferito: l'Opera, a Kadiköy. Dove prendevamo posto in un palchetto per poterci tenere per mano senza essere visti. E prima di entrare compravamo sempre un Eskimo dal gelataio. Ci piacevano tantissimo i film turchi più mélo: i rifacimenti di *Madame X* o *Lo specchio della vita*, recitati dalle star nazionali. E impazzivamo per un film, di cui ho dimenticato il titolo, che raccontava di una ragazza gobba innamoratasi di un cieco. Quando scopre che il suo amato può guarire se qualcuno gli dona gli occhi, decide di sacrificarsi... Una storia tanto inverosimile quanto straziante!

Felicità per me era stare lì nel buio della sala, le lacrime agli occhi, in una mano il gelato, nell'altra la mano di Yusuf. Almeno finché non arrivava Diamante, e non potevamo più scambiarci tenerezze. Avevamo undici anni e i nostri genitori non ci lasciavano ancora uscire da soli.

E poi andavo al cinema anche con mia madre. Era un rito tutto nostro: io e lei e nessun altro, il sabato, una volta al mese. Partivamo con il traghetto per Karaköy: deve essere stato allora che ho iniziato ad amare i traghetti anche d'inverno. Le nuvole, il vento, i gabbiani, un piccolo viaggio tra acqua e cielo.

Prima tappa: al ristorante per mangiare la Wienerschnitzel, quella vera; al tavolo soltanto io e lei. E poi il film: nel buio confortevole di Emek, sulle poltroncine di velluto un po' liso su cui passavo le dita, perché era morbidissimo; o nell'altro nostro cinema preferito, Saray. Al ritorno, a Kadiköy era prevista una tappa alla pasticceria Baylan per la *pesmelba*, la variante orientale della *pêche melba* francese. Seduto a un tavolino fra specchi e arredi d'epoca, insieme alla mia mamma, così bella ed elegante, io affondavo il cucchiaino nel bicchiere di vetro colmo di panna, gelato e miele, e giù in fondo la pesca sciroppata. Il sapore dell'infanzia.

E ora qualcuno ha deciso che Emek, il primo cinema della mia vita, diventerà uno shopping center. Niente più avventure sullo schermo, niente più fiabe e sogni, solo scarpe e borse e luci al neon e cartellini del prezzo. Non posso permetterlo.

Quando arrivo, Neval è in piedi davanti al palazzo, un microfono in mano. Mi ero dimenticato della passione che ha nella voce quando parla in pubblico, della sua capacità di convincere. O forse, più semplicemente, mi ero dimenticato di lei, come sempre quando le sono distante: lei che è un pezzo di me, per sempre dentro di me. Neval rappresenta la vita che avrei potuto vivere, la vita che avrei potuto avere.

La guardo da lontano, chissà se mi vede, se sente che sono qui. Intorno la folla aumenta; riconosco attori, attrici, registi; e poi tanti volti sconosciuti, giovani arrabbiati.

C'è una ragazza avvolta in una bandiera rossa su cui è stampato il viso di Atatürk: l'uomo con il colbacco in testa, il padre della patria, colui che ha sognato una Turchia moderna e democratica, la stessa che reclamano tutti quelli che sono in piazza adesso. Altri manifestanti si sono dipinti degli slogan sul volto: qualcuno in inglese, per gridare la sua protesta al resto del mondo. E poi lei, Neval.

«Mentre cammini il vento comincia a soffiare, comincia a muovere la tua gonna. Piove improvvisamente forte, tu corri, cerchi un riparo. Ti infili in un portone, ti senti persa, sei bagnata, ti asciughi i capelli con le mani. Io sono lì. Ti sorrido, mi trovi accanto al portone.» Sono parole di Can Yücel, il poeta di quando hai vent'anni e non ti stanchi di leggere poesie, perché dentro c'è tutto, c'è la mappatura del mondo. Ma erano anche la mia voce, le avevo fatte mie, tanto tempo fa, per lei. E ora queste parole che raccontano il mare, che non c'entrano niente con questa folla, questo

nero, questo grigio, questi cartelloni di protesta, mi ritornano in mente. «C'è il sole, il mare blu, verde, fresco, nuoti
quasi per dimenticare, veloce, poi ti distrae, sotto, il mare.
Guardi tra le alghe... Io sono lì. Ti sorrido. Sei stanca, stai
salendo sull'aereo che ti porterà lontano. Senti freddo, quasi
brividi. In cima alle scale dell'aereo, mi vedi. Ti sorrido.»

Non mi aveva risposto, Neval. Voleva altro da me, ma
io non potevo darglielo: avevo solo questo sguardo da of-
frirle, queste carezze da lontano. Poi, anni dopo, mi aveva
mandato all'improvviso una mail, con parole dello stesso
poeta: «Ogni primavera vorrei andar via. Non me ne sono
mai andato. Ma è bello anche solo voler andare». È proprio
questa la nostra storia: Neval è restata, io sono partito. E il
nostro amore si è fermato lì, nel territorio del possibile, di
quello che poteva essere e non è stato. Di quello che forse
potrebbe ancora essere, chissà: lo penso, mentre la osservo
da lontano. «Impara anche questo: sei amata quanto ami...»

È così bella Neval, così fiera, così arrabbiata, così vitale.
Ed è proprio questo che mi ha sempre attratto in lei. C'era
qualcosa di irrisolto tra di noi, qualcosa di magnetico che
ci portava l'uno verso l'altra. Ma non avevamo mai fatto
l'amore fino a quella sera d'estate, la prima in cui sono tornato a Istanbul da Roma. Neval mi piaceva, tantissimo. Mi
piaceva stare con lei, parlare, scherzare, sognare il futuro;
mi piaceva averla vicino, abbracciarla. Sapeva di fresco e
di dolce. A Roma, però, avevo capito che mi piacevano anche gli uomini. Avevo scoperto che fare sesso poteva essere travolgente. Con entrambi: donne e uomini.

Ma come dirglielo? Non potevo, non riuscivo ancora.
Così quella sera, nella sua stanza, le finestre aperte, le tende appena mosse dal vento, è stato più facile baciarla. Fare
l'amore con lei. Era un modo per dire addio a lei e al mio
mondo, per sempre, anche se non lo sapevo. Abbiamo dormito insieme, abbracciati. E non ne abbiamo mai parlato,
di quell'unica notte insieme.

Mi torna in mente tutto questo adesso, mentre cerco di

avvicinarmi a Neval. Ma non riesco a muovermi: improvvisamente la folla preme. Arriva gente dalle strade vicine, e poi sirene, idranti, polizia con i caschi e i manganelli... Urla, botte, veniamo spintonati, calpestati; c'è chi si porta le mani agli occhi, accecato dai gas.

Neval inciampa e cade. La cerco invano tra la folla. E ho paura. Paura per lei, e per questa mia città che manda la polizia contro chi manifesta per un vecchio cinema, per salvare un sogno.

La lucertola

«Davvero non sei mai stata in un hamam?» le chiede Gül. È una delle ragazze con cui vive Murat, in un appartamento grande, pieno di gente e di voci. Murat l'ha presentata, poi è scomparso: «Ho da fare, ci vediamo dopo». L'ha affidata a Gül, perché parla bene l'inglese; ma lì tutti, in realtà, parlano bene l'inglese.

«No, non sono mai andata in un hamam» risponde Anna. «Avevo prenotato da Çemberlitaş, lo conosci? E poi...», non sa come andare avanti. Rivive velocemente le ultime ore: la moto, lo scontro, il sangue. Era solo ieri. Sembra sia successo un secolo fa.

«Allora niente doccia, andiamoci subito!» propone Gül. «Ce n'è uno proprio qui all'angolo, è quello del quartiere, niente turisti. È piccolo, piccolissimo: ti piacerà. Ma sbrighiamoci, perché chiude alle sette di sera. Per gli uomini, invece, è aperto fino alle undici. Le solite discriminazioni sessiste», e ride.

L'hamam è molto diverso da quello che Anna si aspettava. Niente lusso, niente musica di sottofondo. «Certo che non c'è musica, cosa ti aspettavi?» scherza Gül. «Sono tre stanze» le spiega. «Nella prima ti spogli, se vuoi bevi il tè, prima o dopo il bagno. La seconda è di transizione, per abituarsi al cambio di temperatura. Ma la più importante è la terza, la stanza calda e piena di vapore.»

Al centro della terza stanza c'è una grande lastra di marmo dove sdraiarsi. E dove, volendo, farsi massaggiare. Donne anziane, a torso nudo, le fanno cenno di adagiarsi sulla pietra e le chiedono in turco se vuole un massaggio. Gül vede che Anna esita, e risponde di no per lei. «Ho portato io tutto, ho il mio guanto di crine» le dice. «Ora rilassati. Poi ti massaggio e ti lavo.» E si stende sulla pietra come una lucertola al sole, lucida e liscia. Ha un tatuaggio proprio a forma di lucertola, alla fine della schiena, sopra il sedere pieno e sodo. Una lucertola guizzante tremendamente sexy.

Pensava di non incontrare turisti, quando ecco entrare un gruppo di quattro ragazze, tedesche forse, o inglesi: hanno la pelle bianchissima di chi vive in un paese senza sole. Gambe lunghe, seni pieni, risate un po' imbarazzate. Non avranno neppure trent'anni, come Gül. Si stendono sulla pietra calda vicino a loro, tra i vapori. Parlano inglese. Ridono. Anna ascolta, incuriosita.

Sono qui per un addio al nubilato: una di loro si sposerà tra due settimane. È la loro *hen night*, la notte delle galline, così si chiama in Inghilterra la serata di festeggiamento della futura sposa; di solito si va fuori a bere, ma quelle quattro amiche l'hanno trasformata in un lungo weekend esotico. Anna le guarda e un pochino le invidia. Quanta spensieratezza, quanta leggerezza.

Lei, quando si è sposata, non ha organizzato nessun addio al nubilato. Aveva voluto una cerimonia più semplice possibile, in comune. Il nonno era morto da poco. Quanto a suo padre, non aveva nessuna voglia di invitarlo. Così c'erano solo lei e Michele, e i loro testimoni: Lisa e suo marito. Della famiglia, la collana di perle di sua madre al collo, che continuava a stringere, come se potesse evocarla.

Che si erano sposati, l'avevano comunicato solo al ritorno dal viaggio di nozze. Una settimana a Capri e sulla Costiera amalfitana, perché così aveva fatto sua madre, così voleva fare anche lei. Era stata felice, a Capri, in piazzetta. Era la fine di maggio, faceva caldo ma non troppo. Si era messa per la prima volta i sandali, dopo un lungo piovoso inverno. I piedi nudi. E la fede d'oro scintillante alla mano sinistra. Sposata. Una moglie. Lo pensava con orgoglio. Quel giorno era stata davvero felice.

Anna guarda le ragazze e guarda Gül che le è sdraiata accanto. Non è mai stata così vicino a un'altra donna nuda. Neppure con Lisa, da ragazzine, c'era questa intimità. Invece, oggi tutto ciò le sembra naturale, non prova alcun imbarazzo. Forse è questo il fascino dell'hamam. Nudi, si è tutti uguali. Ma c'è anche qualcosa di più: osservi il corpo delle altre, ti confronti. Anna guarda Gül, che è così giovane, il seno pieno, sodo, le aureole dei capezzoli grandi e scure, sensuali, il tatuaggio della lucertola guizzante, e pensa al suo di corpo. Realizza che non è più giovane, e che ha sprecato troppo tempo. E che non ha più tempo da perdere. Deve vivere adesso. Subito.

Quando escono dall'hamam, Gül riaccende il telefonino e subito arriva una telefonata. Parla veloce in turco, poi chiude. «Era Murat. C'è una manifestazione per salvare Emek Sinemasi. Un cinema storico: vogliono demolirlo, per farne uno dei loro soliti shopping center. È da settimane che manifestiamo, sono arrivati anche attori e registi dall'estero a sostenerci. I costruttori sembravano aver rinunciato... ma adesso pare che siano arrivati i bulldozer. Sai come ci chiamano? *Çapulcu*, vandali. Noi che non vogliamo distruggere, semmai proteggere. Vieni anche tu, vero?»

Perché no?, pensa Anna. Andiamo. È una nuova Istanbul quella che sta scoprendo. E le piace. Le piace questa voglia di lottare, di ribellarsi, anche solo scrivendo graffiti su un muro. Le piace che ragazzi di venti, trent'anni scendano in piazza per difendere un vecchio cinema, loro che sono cresciuti a televisione e dvd. È bello avere dei sogni da difendere, e un passato da salvare dai bulldozer.

Quando giungono in prossimità del vecchio cinema, vengono ingoiate da un vero e proprio fiume di persone; è come se la polverosa insegna di Emek stesse calamitando ragazzi e ragazze, uomini e donne da tutta la città. Sente voci e grida lontane, si chiede se non sia pericoloso, ma poi pensa: è solo un cinema...

Svoltano l'angolo: una donna con un giubbotto di pelle nero parla alla folla, fiera e carismatica; i bulldozer fermi; e improvvisamente, a chiudere tutto, ogni via di fuga, arriva la polizia. Sono tanti, hanno dei caschi antisommossa, manganelli, cominciano a picchiare. Gül la prende per mano e le dice: «Presto, torniamo indietro, corri!».

L'attesa

Ci caricano dentro una camionetta della polizia. Provo a oppormi, a dire che non ne hanno il diritto, che era una manifestazione pacifica. Ma i poliziotti non rispondono neppure, spingono dentro, usano la forza. Smetto di protestare, salgo. Più che rabbia, provo stupore. Non sono mai stato arrestato prima d'ora. Certo, la multa per un parcheggio sbagliato, la discussione con un poliziotto, ma non mi sono mai ritrovato arrestato, spintonato in un angolo senza avere la possibilità di parlare. Queste sono scene che ho visto solo nei film, e non nei miei. Provo un curioso senso di straniamento, come se vedessi tutto dal di fuori. Dall'obiettivo di una videocamera. Dal set. E invece non è un set, è vita vera: una manifestazione che finisce in carcere.

Ci portano alla centrale di polizia: un palazzo dai soffitti altissimi, che mi immagino di solito silenzioso, austero. Ora è pieno di voci, di proteste. Ci sono registi, attori, gente del cinema, ma anche tanti studenti, qualche giornalista.

Aspetto in un angolo. Aspetto e i minuti diventano ore. E quell'attesa forzata, il senso di impotenza e di rabbia mi rimandano indietro, a un sabato pomeriggio a Venezia, in un palazzo sul Canal Grande. Ero giunto da poco in Italia e a Venezia vivevano alcuni nostri lontani parenti, perché la madre di mio padre era veneta. Avevo telefonato, mi avevano detto che potevo passare a trovarli. E io ero venuto apposta da Firenze, dove studiavo, emozionato di incontrare dei «pezzetti» dimenticati della mia famiglia. Loro, evidentemente, no. In quel salotto ho aspettato, da solo, per due ore. Alla fine, la cameriera mi ha detto: «Guardi, i signori oggi non riescono proprio a liberarsi, hanno avuto un contrattempo... Se vuole, può ripassare un altro giorno». Non sono più tornato. E credevo di aver dimenticato. Ma quel senso di umiliazione, di rabbia, è riaffiorato improvviso, ora.

Poi la scorgo in un angolo, accanto al marito: Neval. Cerco di avvicinarmi. «Lei non si muova» mi urla un poliziotto. «Perché? E di cosa mi state accusando?» chiedo. «Ho il diritto di saperlo e di chiamare un avvocato.»

Il poliziotto fa un cenno a una collega. È giovane, ma deve avermi riconosciuto. Deve aver visto i miei film. Forse ne ha visto uno con il fidanzato, al cinema in una sera di primavera; forse a casa, su un dvd; o li ha scaricati da Internet, una copia pirata... Non importa: sa chi sono. Chissà, i miei film, le mie storie, magari l'hanno anche commossa...

«Si metta di lato» mi dice bruscamente, ma con un tono non sgarbato. Neval e il marito intanto vengono accompagnati in un'altra stanza senza che io abbia potuto parlarle. La poliziotta controlla i miei documenti e mi sembra quasi di poterle leggere nella mente. È un regista famoso, deve pensare. Se lo mettiamo dentro, anche solo per un'ora, potrebbe crearci dei problemi. La stampa straniera, la risonanza all'estero... Troppo pericoloso.

«Vada» conclude, restituendomi la carta d'identità. Poi, sottovoce: «Mi meraviglio di lei, insieme a certa gente! Non vive in Italia, ora? Torni a occuparsi di cose italiane».

Le chiedo di Neval, degli altri miei amici, ma la poliziotta non risponde, mi volta le spalle e con un cenno della testa indica a qualcuno di accompagnarmi, sarebbe meglio dire di scortarmi fuori. È inutile insistere. Vado.

Quando torno a casa mia madre è ancora alzata. «Cuore mio, ero preoccupata. Avevi promesso che saresti tornato dopo il funerale, e sono passate ore... Ho provato a chiamarti e non rispondevi al cellulare. È successo qualcosa? Ho saputo che ci sono stati dei disordini in città...» Forse ha visto le immagini in tv.

«C'è stata una manifestazione per Emek Sinemasi, te lo ricordi, mamma? Il vecchio cinema dove andavamo sempre. Lo vogliono demolire, ed è un vero peccato. Mi sono trovato lì per caso...» La verità, o una mezza verità, a volte è la cosa più semplice.

«Non finirai in carcere come tuo padre...» mi dice.

Carcere. È la prima volta che mia madre pronuncia, spontaneamente, quella parola proibita: «carcere».

Perché mio padre, scomparso per quasi dieci anni, mio padre che io non ricordavo più, neppure la sua voce, finché è riapparso quel pomeriggio, in salotto, mio padre non era andato in Italia, non era a Venezia. Non aveva niente a che fare con quella gondola sulla credenza. Mio padre era in carcere.

Mia sorella e mio fratello lo sapevano. Io, il più piccolo di casa, ero stato tenuto all'oscuro. Per proteggermi, credo. Perché non si sapeva come dire a un bambino di pochi anni che suo padre era in prigione. E quindi niente è stato detto, né allora, né poi.

Dopo la sua scomparsa, in realtà, l'avevo rivisto una volta. Una mattina prestissimo, non andavo ancora a scuola, mia madre mi disse: «Preparati perché partiamo, io e te, insieme. Andiamo a trovare papà. Prenderemo un autobus, sai?».

Io ero eccitato. Un autobus! Per andare in Italia, pensavo, ma non osavo chiedere conferma.

L'autobus ci depositò davanti al carcere dov'era recluso mio padre. Dunque questa è l'Italia, siamo in Italia, pensavo, in fila all'ingresso, davanti alle guardie. E tutto mi sembrò strano e deludente. No, non poteva essere l'Italia quel luogo così squallido, triste e sporco! Non mi piaceva, quell'Italia.

Solo molti anni dopo avrei saputo da mio fratello – perché mai io ebbi il coraggio di affrontare mio padre e chiedergli di raccontarmi tutta la verità – le ragioni per cui era finito in prigione: non questioni politiche ma intricate faccende di denaro, brutte compagnie, speculazioni. Palazzi non costruiti, terreni non venduti. Un'intera piccola baia accanto a Bodrum, che aveva comprato per impiantare un vivaio di aragoste e crostacei, e poi l'affare non aveva funzionato.

Affari sbagliati, soci sbagliati, dunque. E nella Turchia di quegli anni, in cui si siglavano contratti senza firme e senza notaio, con una semplice stretta di mano, lui aveva pagato ed era finito in prigione.

«Istanbul sta cambiando, e non c'è niente da fare, è il destino» riprende mia madre, seguendo il filo dei suoi pensieri. «Il vecchio cinema, certo che lo ricordo... Ma lo sai che anche il carcere dov'era tuo padre è diventato un albergo? Un albergo di lusso, mi ha detto Taylan.»

Forse oggi è arrivato per noi il momento di parlare di lui. Tolgo dal portafogli la cartolina in bianco e nero che avevo trovato sul comodino di mio padre e gliela mostro. «È da tanto che volevo chiederti che cos'è questa foto, mamma...»

La prende in mano. Sorride. È un sorriso cauto e dolce. «Questa non è una cartolina, sai. È una foto che papà aveva scattato dalla sua cella» mi risponde. «Guarda qui...», e mi indica un puntino sfocato nell'immagine. «Qui si vedeva, o si poteva immaginare di vedere, la nostra casa. La nostra villa bianca e i tigli del giardino. Erano gli anni Sessanta, prima che costruissero tutti questi palazzi e grattacieli. E tuo padre dalla sua cella in prigione vedeva noi: vedeva la sua casa.» O forse, semplicemente, la immaginava. Ma gli bastava.

Quindi pensava a noi... Quel padre tanto assente a modo suo ci amava. Ora questa foto me lo conferma. Ma io, in fondo, l'ho sempre saputo.

Ed è perciò che quando Taylan, ancora oggi, si lamenta di nostro padre, lo accusa di averci rovinato l'esistenza, quando dice che era un egoista irresponsabile, io continuo a difenderlo: «Pensa a quanto ti ha dato, a quanto ha fatto per te. Pensa che non ci è mai mancato nulla, anzi. Tu hai studiato in America, io in Italia. E pensa a quello che stai offrendo tu, ai tuoi figli».

Nella vita bisogna non fermarsi mai al giudizio degli altri, non tener conto della malvagità e dei pettegolezzi della gente. Bisogna cercare di capire le debolezze delle persone che amiamo e che ci amano, e perdonarle per il dolore che possono averci arrecato. Perché ciò che davvero conta è l'essenza dei sentimenti, non ciò che appare.

«Non è stato facile, sai, per lui» riprende mia madre. È la prima volta che mi parla così francamente. «Era un animale, certo.» E ride. «Be', lo sai anche tu com'era... Ma era anche un uomo elegante, colto, bello, altrimenti non mi sarei mai innamorata di lui. Però, l'arroganza lo faceva sentire intoccabile. In casa, con me: come se non sapessi che aveva delle amanti, che mi tradiva con donne da quattro soldi. Aveva un'amante persino in Italia, e questo lo sai bene: erano quelli i suoi viaggi di lavoro, solo bugie! Il punto è che si sentiva intoccabile anche negli affari: quando sono venuti ad arrestarlo, per lui è stato un affronto. Pensava che sarebbe uscito dal carcere il giorno dopo. Invece sono passati anni...»

Sospira e accarezza il bordo smerlato della foto. «Sono stati anni duri. Sai cosa mi diceva quando andavo a trovarlo? "Non immagini come sia terribile fare amicizia con un condannato a morte."»

Per questo, forse, papà non ne ha mai parlato, del carcere. Come chi torna dalla guerra, da un campo di concentramento, e vuole solo dimenticare.

«Ricordi quando recitava Hikmet?»

«Certo.» Sono versi che ho imparato a memoria anch'io: «Il più bello dei mari / è quello che non navigammo. / Il più bello dei nostri figli / non è ancora cresciuto. / I più belli dei nostri giorni / non li abbiamo ancora vissuti. / E quello che vorrei dirti di più bello / non te l'ho ancora detto.»

Conosco poche poesie a memoria, ma questa sì. Questa così densa di speranza e di fiducia nel futuro. L'ha scritta

Nâzim Hikmet, un poeta comunista, un romantico rivoluzionario, che finì anche lui in carcere, ma per motivi politici. Morì lontano dalla patria per cui aveva lottato, un giorno del 1963 a Mosca. Forse questa poesia, in quegli anni di carcere, ha dato fiducia a mio padre, e a mia madre. Pensare che il meglio del loro futuro fosse ancora lì, dietro l'angolo; che dovesse ancora arrivare.

Quel futuro che un giorno è invece arrivato per me. In qualche modo, la gondola sulla credenza è diventata realtà. Perché tutti gli altri sono rimasti: mio padre, mia madre, i miei amici. E io sono partito. Sono andato in Italia.

Avevo appena diciassette anni. Avrei dovuto studiare in America, come Taylan; almeno, questo nelle intenzioni di mio padre. E visto che io insistevo sul cinema, lui, una volta arresosi all'idea, sognava per me Hollywood. Era pronto a mantenermi laggiù, ora che era di nuovo un uomo ricco. Ma io volevo andare in Italia. Il paese da cui era giunta proprio sua madre, molti anni prima.

L'Italia che avevo imparato a conoscere nei film di Visconti, di Germi e di Fellini, della dolce vita degli anni Sessanta, quella degli uomini vestiti di bianco. In realtà, mi aspettava un'Italia molto diversa, molto più moderna e anticonformista, più vivace e generosa. E lì il mio futuro stava per iniziare.

Non doveva esser stato facile per mio padre decidere di lasciarmi andare, accompagnarmi verso un futuro così lontano dal suo modo di essere, di pensare.

Un giorno, nei suoi ultimi mesi di vita, durante una delle mie visite aveva chiesto che lo raggiungessi nella sua stanza. «Ti devo parlare» mi aveva detto, e poi: «Sai che stanotte è venuta Beatrice?».

«Beatrice? Di chi stai parlando?» gli avevo risposto, pensando al delirio confuso di un malato.

«Ma come, vivi nel paese di Dante e non conosci Beatrice! Lei, proprio lei. Solo che era strana, sai, mi è sembrata un po'... lesbica.»

Lesbica? Allora ho capito che questo era il suo modo di parlarmi di omosessualità. Di farmi capire che sapeva, che mi aveva accettato. Di chiedermi scusa, forse. Senza però riuscire a farlo in modo diretto, neppure alla fine. Forse, semplicemente, perché non ne era capace.

Ma dopo la sua morte, cercando un documento nei suoi cassetti, avevo trovato piccoli ricordi, cartoline, fogli di carta, che gli parlavano di me: la mia pagella del liceo, un ritaglio di giornale sul mio primo film, le foto di un nostro viaggio (dimenticato) a Berlino. Mi sono commosso. Per quello che poteva essere, e non è stato. Per l'eroe che mi è mancato.

Il bosco che cammina

Anna si porta la mano al collo. E, ancora una volta, sente il vuoto. È così abituata a sfiorare la collana della mamma che continua a portarsi la mano dov'erano le perle, le perle che è solita accarezzare e intrecciare fra loro.

«C'è qualcosa che non va?» le chiede Gül. «Hai mal di gola? Sono i gas, lo sapevo...»

«No, non preoccuparti. Sto benissimo.» Ed è vero, pensa Anna, sta bene. Si sente viva. Sperduta, disorientata, ma viva. « È che ero abituata a portare una collana di mia madre, ma non ce l'ho più...»

«Persa?»

Persa, chissà? È rimasta in quella camera d'albergo, insieme alla sua vita precedente.

«Prendine una delle mie» le propone Gül. Poi apre il cassetto e gliele mostra. Sono collane fatte con frammenti rotti di ceramiche, trasformati in ciondoli. Anna le prende in mano, le piacciono.

«Le fai tu?»

«Certo, le faccio e le vendo. Te ne regalo una: non dire di no. Per ricordarti di me, di noi, quando sarai partita. Per ricordarti di Istanbul. Non voglio essere pagata. Quando ci rincontreremo, mi farai un regalo tu.»

Partire... Perché a un certo punto se ne dovrà andare, pensa Anna. Ha perso il conto dei giorni, di quanto tempo è passato dall'incidente, e dalla sua fuga nel bel mezzo della notte. Da quanto tempo è in questo appartamento popolato di ragazzi liberi e pieni di speranza, che non le chiedono nulla in cambio di quello che le danno: un letto, dei vestiti, ma anche amicizia, tenerezza, disponibilità? Tornare in Italia. Spinge in fondo alla mente il pensiero di casa, dello studio, di Michele: molto in fondo. Le fa tutto troppo male. E poi Andrea... Andrea che non c'è più. (Qualcuno si sarà preso cura del suo corpo?) Ma è tutta la sua vita che non c'è più; o che, forse, non sarà più come prima.

«Lo sapevi che in Giappone, quando si riparano le ceramiche rotte, non si nasconde il danno ma lo si sottolinea, riempiendo d'oro le linee di frattura?» le chiede Gül distogliendola dai suoi pensieri. «Perché credono che quando qualcosa ha subìto un danno e ha una storia, diventi più bella.»

Riluci d'oro dove la vita ti ha scheggiato. Se solo fosse vero, se funzionasse davvero così... Anna sceglie una collana con un ciondolo bianco e blu e delle piccole dorature. Se la mette al collo. Spera che le porti fortuna.

«Tra poco si va a Gezi Park. Sei pronta, Gül?» dice Murat, spalancando la porta della stanza. «E tu, Anna? C'è una manifestazione al parco. Dai, muoviti, ormai sei un "vandalo" anche tu.» E le sorride.

Nel grande appartamento, Anna doveva dividere la camera con Gül. Doveva. Perché poi, quasi senza deciderlo, è finita altrove, complice uno sguardo ricambiato un po' più a lungo, un sorriso appena più insistente di altri, una mano che l'ha sfiorata in un modo diverso, più morbido. Come è successo? Quando la semplice curiosità è diventata desiderio? Quando la simpatia è diventata seduzione? Non lo sa, non sa come sia successo, ma una sera, quasi senza accorgersene, è «scivolata» tra le braccia di Murat. È stato tutto così semplice: prima si sono incontrati gli occhi, poi le mani, da ultime le labbra. E il resto è venuto da solo.

Per un lunghissimo attimo, Anna aveva cercato di resistere, di chiedersi perché, cosa stava facendo, che senso aveva tutto questo. Era vendicarsi con Michele? Oppure semplicemente cedere alla gratificazione di una richiesta fatta da un uomo tanto più giovane di lei, così tenero e seducente? E Murat che si aspettava da lei? Cosa doveva fare per non deluderlo?

Poi Anna aveva deciso di allontanare ogni domanda, di non pensare più a nulla, di rinunciare al bisogno di controllo a cui non era stata capace di sottrarsi neppure nei momenti di maggiore intimità con suo marito.

Non era più la quarantenne *soignée*, i capelli in ordine e la manicure perfetta. La donna indaffarata, sempre di corsa, sempre al cellulare, un'intera vita sotto controllo. Adesso era in alto mare, senza radar, senza sapere bene la posizione sulla mappa. Ma non si sentiva affogare, nuotava e basta. Viveva in un interminabile presente: il passato non contava, e nemmeno il futuro sembrava avere più alcuna importanza.

Per la prima volta lasciava che il suo corpo si abbandonasse, e che le dita e le labbra di Murat l'aiutassero a scoprirne contorni finora inesplorati. Era un brivido sul collo, che le scendeva attraverso schiena, un lento fluire nel piacere di tutte le parti del suo corpo, che sembravano risvegliarsi da un lungo torpore, proprio come accade ai fiori all'alba. E mentre cedeva all'abbandono scopriva una nuova Anna riflessa negli occhi di Murat.

Eccola, in un letto troppo stretto, con quel corpo così giovane, estraneo e straniero, con cui inventa gesti che nessuno dei due conosceva prima e che ora saranno per sempre solo loro.

Da quando ha sposato Michele, Anna non è mai andata a letto con nessun altro. Murat è il primo uomo che la tocca, che la prende. Con allegria, come è lui. E con tenerezza. Con piccoli gesti di tenerezza, che la sorprendono.

Murat, che la sveglia con una tazza di caffè, bollente, forte: la appoggia sul comodino e poi, a volte, si rinfila sotto le lenzuola e la bacia, e i suoi baci sanno di buono, e il suo corpo è caldo, ardente, mentre il caffè si raffredda. Un giorno, il caffè gliel'ha lasciato prima di uscire prestissimo al mattino, senza neppure aprire la finestra o accendere la luce, per non interrompere il suo sonno. Quando il profumo l'ha svegliata, accanto alla tazza Anna ha trovato un biglietto, scritto in fretta, in inglese: «*I want to do with you what spring does with cherry trees*». Vorrei fare con te quello che la primavera fa con i ciliegi: sono versi di Neruda, versi che sanno di primavera.

I suoi occhi si sono riempiti di lacrime. Nessuno le aveva mai scritto una poesia: non suo marito, non Andrea. Nessuno le aveva mai portato il caffè a letto: un gesto così semplice, tenero ma anche sensuale. Caffè e desiderio.

Ad Anna sembra di stare dentro un romanzo, un romanzo sulle barricate, sul maggio del Sessantotto a Parigi, sulla primavera di Praga... Perché in questo appartamento rumoroso, con le porte sempre aperte, si sogna e si fa rivoluzione. Niente armi. E tanta voglia di difendere cose preziose per tutti, come un cinema antico, prima che diventi uno shopping center. O un parco in mezzo alla città, prima che venga raso al suolo.

È questa la manifestazione di oggi. In piazza per difendere degli alberi? Anna sorride. Chissà cosa ne avrebbe pensato il nonno. Avrebbe approvato, forse.

«Ognuno di noi è un albero di Gezi Park», questo recitano gli slogan che vengono gridati e «twittati» man mano che il piccolo gruppo si avvicina al parco. Non è stato Shakespeare, nel *Macbeth*, a scrivere di un «bosco, vi assicuro, che cammina»? Eccolo, il bosco che cammina: perché ogni albero ha un difensore, ragazzi e ragazze in jeans e scarpe da ginnastica, sorridenti. Niente armi, ma il telefonino in mano. Una generazione che fa la rivoluzione con il cellulare.

E poi, eccoli, i nemici del bosco: gli idranti. La polizia è già arrivata, nei giorni passati, per sgomberare il parco: i manifestanti non vogliono andarsene, hanno piantato delle tende e bivaccano qui. Una pacifica armata di occupazione. Ma stavolta i poliziotti – e chissà quanti di loro vorrebbero in realtà essere dall'altra parte, a difendere gli alberi – sono arrivati con manganelli, maschere antigas e cannoni d'acqua. Niente fucili: solo gas, ancora, come nei giorni passati, per accecare, disorientare, far scappare. E idranti per scacciare con la forza violenta dell'acqua. Questo non se l'aspettavano, i ragazzi del parco.

C'è una donna vestita di rosso che va incontro alla polizia, vorrebbe parlare, dire qualcosa, convincerli. Ha un abito scarlatto che è come una bandiera: un vestito più adatto, forse, per passeggiare in riva al Bosforo, o stare seduta al tavolo di un elegante caffè di Bebek. E invece è lì. Viene investita in pieno dal getto d'acqua, ma non cade, non vacilla. È come se quel vestito fosse un'armatura. La forza delle idee. O forse, solo di un abito rosso.

E poi è rosso, rosso ovunque, per tutti i giorni che seguono, freneticamente. Al ritmo delle pentole che le donne anziane con il velo battono alle finestre per dire che sì, anche loro sono d'accordo, stanno dalla parte dei manifestanti. È rosso per i garofani scarlatti che i manifestanti portano per strada, che offrono ai militari: segno di pace, di rivoluzione, di resistenza. Una ragazza porge un fiore a un poliziotto chiuso nel suo casco, lui china la testa. Riusciranno i petali a sconfiggere la violenza?

La rivoluzione dei garofani, Lisbona 1974. La primavera di Praga, nel 1968, e i fiori contro i carri armati. Un ragazzo solo contro i carri armati, in piazza Tienanmen, 1989. Le barricate a Parigi, nel 1830: la *Liberté guidant le peuple*, una donna che sventola una bandiera alla guida dei rivoluzionari nel quadro di Delacroix, come oggi fanno le ragazze di Gezi Park. Perché tutto cambia, ma non la voglia di cambiare il mondo. Tutto cambia, ma non la rivoluzione.

Questa rivoluzione ha un hashtag, #occupygezi. È fatta di flash mob inventati al momento, piccole azioni rapide che finiscono subito e si propagano per tutta la città, come un virus rivoluzionario.

«La polizia ci attacca? E noi staremo fermi» dice Murat. E sta fermo, fermo davvero, in mezzo alla piazza, tutto il pomeriggio, tutta la notte. Chi passa lo imita e si mette in piedi, in silenzio, immobile come lui, magari solo per mezz'ora, o un'ora. Un'armata silenziosa che è peggio di qualsiasi bomba. «*Stand up for your rights.*» In piedi per i tuoi diritti.

E il giorno dopo, nell'intera città, piccoli gruppi di persone si alzano in piedi e stanno in silenzio: in mezzo alla strada, con un giornale o un libro aperto. La rivoluzione immobile che legge. Non oserete, vero, manganellare i libri? E ancora, ai lati di un viale alberato, tutti in piedi come delle statue. Mezz'ora, un'ora, un pomeriggio, non importa. «*Stand up for your rights.*»

Voglia di ribellarsi. Alcuni avvocati si offrono volontari per difendere chi è stato arrestato. E in tribunale, alla fine, saranno loro a essere fermati e arrestati: in blocco. Quelle immagini di scontri, di ingiustizia nel luogo dove dovrebbe regnare la giustizia, faranno il giro del mondo.

E poi, contro i gas, le maschere antigas. Murat se ne procura una. «Ti invito a una milonga. Sai ballare il tango?» le dice. «Certo che no» risponde Anna. Lui ride: «Imparerai, è facile». Ed eccoli, ballano il tango in mezzo a Gezi Park, lei con una maschera antigas volteggia tra le sue braccia, sbaglia i passi ma che importa... In questo momento della sua vita deve solo seguire la musica. Quel che succederà, succederà.

Addii

Dovevo rimanere solo pochi giorni, a Istanbul. Un viaggio più breve del solito, soltanto per salutare mia madre, per prepararla alla demolizione della nostra vecchia villa, per dire addio a una parte della mia vita. Invece sono ancora qui. Non riesco a decidere di andarmene, non adesso, mentre la città divampa e brucia.

E mia madre non sta bene. Oggi non vuole alzarsi, nemmeno con l'aiuto del giovane fisioterapista, nemmeno blandita dalla badante russa. Ripete che è stanca, molto stanca. Non mi vuole neppure accanto al letto. «Vieni più tardi» dice, e la sua voce è solo un sussurro. È anziana. Fragile e anziana.

Proprio lei che è sempre stata così coraggiosa, e forte, e moderna. Come tante, tantissime donne della sua generazione.

Eppure molte donne della generazione di mia madre hanno perso la loro scommessa con la vita. Penso a zia Betul, la bella e sorridente zia Betul. L'ho rivista, dopo anni e anni, pochi giorni fa, al supermercato. Il soprabito liso. I capelli ingrigiti, acconciati alla bell'è meglio. Era di spalle, alla cassa. Nel carrello una spesa minima anche per una persona che vive sola, lei che era un tempo così golosa... Mi sono avvicinato e ho detto: «Pago io la spesa della signora». Zia Betul mi ha riconosciuto e mi ha sorriso: il sorriso luminoso di quand'era giovane, un po' più sciupato, stanco, immalinconito. «Desideri altro? Posso offrirti qualcosa?» «No, caro. Grazie. Non ho bisogno di nulla. Non preoccuparti, sto benissimo. Raccontami invece di te...»

Quanta malinconia per questa donna che avrebbe potuto essere felice, che avrebbe potuto avere un bel lavoro e un bel matrimonio, e che invece ora è sola e forse prova il rimpianto di aver sprecato la sua vita. «Betul è specializzata a tagliare il ramo su cui è seduta» diceva mia madre. E aveva ragione.

Ricordo l'ultima lite tra di loro. Un giorno – erano gli anni in cui Betul viveva con noi – suonò il campanello. Era un ragazzo, avrà avuto vent'anni. L'aria sfrontata, chiese di lei: «La sera scorsa ci siamo così divertiti. Ora ci sono altri amici, volevo sapere se la signora Betul ha voglia di uscire...». Mia madre gli chiuse la porta in faccia. Poi andò da Betul e le intimò di fare la valigia. Vattene. Subito. Lei obbedì senza ribattere. Per orgoglio, forse. Solo un'ombra di pianto nei begli occhi. Chiamò un taxi e se ne andò.

Ma quando sentì chiudere il portone, mia madre si pentì: era stata troppo severa, troppo dura. «Vai a chiamare la zia» mi ingiunse. Io corsi fuori: troppo tardi, feci solo in tempo a vedere il taxi che girava l'angolo. Le luci dei lampioni si stavano accendendo, il vento scuoteva piano gli alberi.

È stata la prima volta nella mia vita che ho conosciuto la profonda malinconia degli addii.

«Ma lascia almeno / ch'io lastrichi di un'ultima tenerezza / il tuo passo che s'allontana» ha scritto Majakovskij. Ogni volta che rileggo questi versi, penso che contengano tutti gli addii della mia vita. Quel senso di perdita, quello struggimento.

Mentre aspetto che mia madre riposi un po' e si riprenda, provo a lavorare. Devo scegliere la canzone che faccia da colonna sonora al mio film, e Sezen mi ha mandato dei brani nuovi da ascoltare. È la regina del pop turco, a cui chiedo, per ogni film, una canzone. Quasi un portafortuna. Ma Sezen Aksu è anche un'amica. Mi piace questa donna che si è fatta da sola, che ha più o meno la mia età, si è sposata quattro volte e canta con parole semplici e melodie struggenti l'amore, i misteri dell'amore.

Taylan mi prendeva in giro quando mettevo i suoi dischi; diceva che ero disgustosamente romantico, che questa non era musica da ascoltare, che era orribile. A me, invece, la musica melodica e romantica è sempre piaciuta. Non mi vergogno di ascoltare canzoni d'amore. Mi colpiscono, mi commuovono: hanno dentro, spesso, un'inaspettata saggezza, una semplice verità.

«Non sai chi amerai», ho questa strofa in mente, da giorni. «Non sai chi amerai»... Non è forse vero? Non sappiamo mai chi ameremo, chi ci metterà davanti il destino. È questa la meraviglia, la magia dell'amore.

L'amore che cancella la solitudine, l'amore che sceglie tra la folla. «Due occhi che quando li apro, chiaramente vedo... nella moltitudine l'uomo che amo» cantava Gabriella Ferri.

Mentre ascolto nelle cuffie la voce di Sezen, mi arriva un messaggio sul cellulare. È di Neval. Mi manda un filmato. Lo faccio partire, e sono immagini buie e frammentate, riprese in una moschea: feriti per terra, bende e medici... Poi un altro suo messaggio: «È successo stanotte. L'imam ha aperto le porte della moschea. Abbiamo portato dentro i feriti. Il mondo deve sapere».

Pochi minuti, senza sonoro, l'immagine è buia. Ma quella donna china per terra, che tiene la mano a una ragazza e le parla, ha un'aria familiare: dove posso averla già vista?

Il filmato si interrompe. Sono solo pochi minuti, ma ha la forza di un pugno.

Stamboul

«La conosci la storia di Aimée de Rivery, la sultana che veniva dalla Francia?» le chiede Gül. Sono all'hamam di quartiere, il «nostro» hamam, come ha cominciato a chiamarlo Anna. Nude, sulla pietra calda e umida. Anna si sta abituando a questo rito, a svestirsi di fronte a sconosciute, a Gül che le passa il guanto di crine sul corpo, poi la lava con acqua tiepida e insaponata.

«No, chi è?»

«Era, almeno così vuole la leggenda, un'aristocratica francese che fu fatta prigioniera in mare dai pirati. Siamo alla fine del Settecento. Venduta come schiava all'harem di Istanbul, divenne una delle favorite. Davvero non ne hai mai sentito parlare?»

«No, racconta...»

Anna è distesa, guarda in alto, mentre ascolta: la cupola è bucata con piccoli fori a forma di stella. Le piace stare qui, e ascoltare Gül che parla, anzi sussurra, per non disturbare troppo il silenzio dell'hamam. È un momento sospeso nel tempo. E ha bisogno di rilassarsi, dimenticare. Ieri è stata una giornata folle. Sono state coinvolte negli ultimi scontri. Hanno cercato rifugio nella moschea, perché una ragazza del loro gruppo era ferita. Anna ha seguito Gül e cercato di aiutare, come poteva.

In questi giorni passa più tempo con Gül che con Murat.

Il ragazzo ribelle col nome di un generale è sempre in giro, sempre fuori; la cerca ogni tanto, e inevitabilmente finiscono a letto, a fare sesso, in quel suo modo allegro e famelico. Del resto è un ragazzo, solo un ragazzo. E poi Anna ha anche l'impressione di essere capitata in mezzo a una sua storia con Gül. No, non sono una coppia: loro vivono, almeno così le sembra, rapporti sciolti, liberi, sospesi, come le loro vite. E non pensa che Gül sia gelosa. Non gliel'ha chiesto, si sentirebbe quasi in imbarazzo. In fondo preferisce non sapere, e anche questo non è da lei.

Intanto Gül le si avvicina, per raccontare meglio: «Allora, Aimée nasce Aimée du Buc de Rivéry nel 1768. Mi ricordo la data perché è la stessa in cui viene inventato a Napoli il gattò di patate, il piatto a base di patate e mozzarella, questo almeno lo conosci, vero? Fu inventato per le nozze di Maria Carolina d'Austria con il re delle Due Sicilie Ferdinando di Borbone...».

«Ma come fai a sapere certe cose?» ride Anna.

«Ti dimentichi che anch'io lavoro al ristorante, faccio la cameriera come Murat, e il nostro chef racconta sempre aneddoti meravigliosi. Ma torniamo ad Aimée. Era imparentata con quella Joséphine che diventò imperatrice e prima moglie di Napoleone Bonaparte: anzi, per l'esattezza sua cugina. Come lei, Aimée nasce nelle colonie d'oltremare, nella Martinica. Dunque, era stata mandata a studiare in convento in Francia, come si usava all'epoca, e durante il viaggio di ritorno la sua nave fu assaltata dai pirati. Era giovane, forse aveva appena sedici anni... Di lei si persero le tracce. Fin qui, la storia certa.

«Ed ecco la leggenda: fatta prigioniera dai pirati e venduta al mercato degli schiavi, fu mandata come regalo dal bey di Algeri al sultano ottomano Abdul Hamid. Cambiò nome: Naksidil. Diede un figlio al sultano e divenne una delle favorite. Poi il sultano fu assassinato. Ma lei rimase a palazzo, e divenne la confidente – chissà, forse l'amante – del nuovo reggente, Selim. Gli insegnò il francese, e lo convinse a mandare, per la prima volta nella storia ottomana, un ambasciatore ufficiale a Parigi. Ebbe anche il permesso di introdurre decorazioni francesi a palazzo: in stile rococò, come andava di moda all'epoca.»

«Davvero?» interrompe Anna. Una donna intraprendente, che porta il rococò nel serraglio: una pioniera del design...

«Davvero. O meglio: forse. Di sicuro a palazzo c'è stata, in quegli anni, un'odalisca "bianca". Ma sapevo che la storia ti sarebbe piaciuta...»

Certo che le piace, la storia di Aimée. L'Amata. Scomparire nel nulla e riscriversi un destino: chissà, potrebbe capitare anche a lei?, pensa Anna. O forse, è proprio quanto le sta succedendo.

Per ora non ci vuole pensare. Per ora le basta lasciarsi trasportare dalla corrente di questa nuova vita, anche se è una corrente provvisoria. Per ora le bastano le chiacchiere con Gül nell'hamam di quartiere. Gli abbracci fuggevoli di Murat. La rivoluzione per le strade, anche se sta cominciando a diventare pericolosa.

Ripensa a ieri sera, alla fuga, a come ha cercato di aiutare la ragazza che zoppicava. «Alla moschea di Dolmabahce ci sono le porte aperte, offrono rifugio, correte lì» aveva gridato un'anziana dalla finestra, sopra di loro. Sono incredibili, e commoventi, le donne anziane che seguono e appoggiano gli scontri da lontano, dall'alto. Battono i cucchiai contro le pentole, un suono domestico e ritmato che sa di altre proteste, di altre rivoluzioni: le manifestazioni in Argentina... Il *cacerolazo*, lo chiamano in Spagna e in America Latina. A suon di pentole contro il governo.

E poi, la moschea. Dentro, nel buio illuminato da candele e da lampade di fortuna, c'era un vero ospedale improvvisato. Uomini e donne sdraiati per terra, bende e flebo; medici, o forse infermieri, arrivati con il passaparola dall'ospedale più vicino, rischiando l'arresto anche loro. Hanno portato quello che potevano: sottili guanti bianchi di lattice, garze, forbici, fiale di medicinali, siringhe. Non ci sono lettini, ovviamente; i feriti giacciono per terra, su questo pavimento dove di solito si cammina scalzi, ci si inginocchia e ci si raccoglie in preghiera.

E c'è una donna con un abito rosso che sta filmando tutto: immagini, pensa Anna, che potrebbero viaggiare su you tube, raccontare questa notte e questa moschea al mondo intero.

Gül tace, adesso. Forse sta ripensando anche lei alla moschea, agli scontri, alla sensazione di impotenza e pericolo. «Ti spiace se esco prima?» le dice Anna. «Ho bisogno di fare due passi a piedi.»

Esce in fretta dall'hamam umido e pieno di vapori, si riveste. La verità è che le è improvvisamente venuta voglia di stare un po' da sola. Di camminare e raccogliere i pensieri. Passa sotto il portone di quella che ormai è «casa», ma non sale. Il venditore di succo di melograno, che si ferma sempre col suo carrettino all'incrocio, la riconosce e le sorride. «*Günaydin*», buongiorno: l'unica parola di turco che ha imparato.

Cammina nel quartiere, senza meta. L'anziano proprietario di una piccola bottega di robivecchi le fa cenno di entrare. È passata qui davanti con Gül altre volte, ma non si è mai fermata. Oggi, però, entra. Anche perché il proprietario ha un sorriso davvero simpatico.

Ed ecco, nella grande stanza polverosa, millenni di storia di Istanbul accatastati alla rinfusa. Sugli scaffali, contenitori di cristallo ottomani per l'acqua di rose, con petali dipinti, quasi iridescenti; alle pareti, ritratti a olio di sultani, scuriti dal tempo, la fissano burberi, appesi accanto a kilim strappati e rovinati; su un tavolo, in mezzo a carte e tessuti, un vecchio mappamondo di legno...

Lo fa ruotare sul suo asse, Anna, mentre il proprietario le versa un bicchierino di *nane*, il dolcissimo liquore alla menta, e le racconta, in francese, di quanto sia bella la sua «Stamboul», perfetto crocevia tra Est e Ovest. E che bella una città che sa cambiare anche nome, pensa Anna ascoltandolo: non sapeva che «Stamboul» venisse dal greco antico «*eis tèn pòlin*», verso la città... Quanti nomi per una città sola: Istanbul, Costantinopoli, Bisanzio, e ancora Dersaadet, Bab-i Ali, la porta della felicità o la porta sublime, come la chiamavano i diplomatici ottomani, racconta ancora l'anziano signore. E poi, «la seconda Roma». Che coincidenza, pensa Anna. Un'altra Roma.

Le viene in mente Fedora, una delle «città invisibili» di Calvino: la città che è quello che è, ma anche tutto quello che sarebbe potuta diventare. La città che contiene tutte le possibilità, anche quelle non dette e non realizzate. Da quanto tempo non ricordava Calvino, che il nonno le leggeva da ragazzina. Fa scorrere il dito sul mappamondo di legno e pensa ai molti confini che non ha ancora attraversato.

Gabbiani

Oggi cucino io. Volevo portare mia madre fuori, al ristorante, ma lei è troppo debole, e Istanbul è troppo in tumulto in questi giorni. Così mi metterò ai fornelli. Voglio preparare qui, proprio in questa cucina, una ricetta che per me è il sapore stesso dell'infanzia, di casa. È la minestra di lenticchie che mi cucinava Diamante, e che mi aspettava quando tornavo da scuola. Il limone accanto, sul piatto, che spremevo dentro. Soffuso nella stanza, quell'aroma di lenticchie rosse e di spezie che non ho mai più saputo ritrovare. Ho provato ad aggiungere cardamomo, paprica dolce, cumino, il timo che cresce sulla mia terrazza romana, sapori di altre cucine, di altre terre: la zuppa non è male, ma sa sempre di qualcosa di diverso.

Io ho cominciato a cucinare davvero quando sono arrivato in Italia, e ho scoperto che farlo mi piace. Sono goloso, certo, ma non è solo questo. Così ho voluto che il centro della mia casa fosse il lungo tavolo di legno grezzo che è la prima cosa che si vede entrando: perché a casa mia si entra direttamente in cucina. È qui, su questo tavolo, che preparo il primo caffè del mattino; fatto con la moca, ovvio. È qui che discuto, scrivo, e immagino le sceneggiature dei miei film. È qui che, a pranzo o a cena, cucino per le persone che amo, quelle che sono la mia famiglia.

Pensandoci, forse non è un caso che nei miei film si mangi spesso. Magari è solo un tramezzino, mentre divori con gli occhi la persona di cui ti stai innamorando: una delle scene più romantiche che ho girato. Oppure sono i trionfi di dolci del pasticciere sotto casa mia, a Roma; torte e bignè e sfogliatelle a cui non so resistere, quando passo davanti alla vetrina. E poi, quante tavolate nei miei film: di famiglia, magari con un litigio nell'aria; banchetti nuziali; tavoli apparecchiati per amici o amanti; tavole imbandite aspettando qualcuno che non arriverà. Forse un fantasma, o un perduto amore.

E sì, mi piace stare ai fornelli. Ripeto gesti che mi sono familiari, piccoli trucchi: come un cucchiaio di zucchero quando cucino le verdure e le passo nell'olio – che so, i fagiolini – per dare un retrogusto dolce. E mi piace stare ai fornelli mentre gli amici sono riuniti a tavola; cucinare, ridere e chiacchierare.

A volte, quando siamo tutti seduti lì, e siamo giunti agli ultimi bicchieri, al dolce, alla chiacchiera per la chiacchiera, mi allontano un attimo, con la scusa di fare qualcosa nella stanza accanto. Poi rimango sulla soglia, in penombra, a guardarli. Mi conforta osservarli in silenzio, sapere che ci sono; scivolare per un momento fuori dalla mia vita e guardarla come se fossi un estraneo.

E quando sono a Istanbul mi piace ritrovare i sapori della mia terra, andare alla ricerca dei piatti semplici della mia infanzia, e provare nuovi ristoranti. Come quelli del quartiere di Galata, intorno al ponte. È qui, lontano dalla casa della mia infanzia e dai ricordi, che vorrei, adesso, comprarmi un appartamento. All'ultimo piano, su una torre. Per alzarmi al mattino e come prima cosa guardare il mondo fuori dalla finestra: dall'alto, mentre i gabbiani di Istanbul volteggiano intorno.

Qui mi sento libero come loro. O come le rondini dei cieli di Lecce, la città barocca baciata dal sole del Salento che amo tanto. Turchia e Italia, Italia e Turchia si mescolano, nella mia vita, proprio come il rosso e il blu nei tramonti sul Bosforo. A volte mi domandano se avere due patrie non mi faccia sentire disorientato. No, essere straniero non mi fa paura. E, in fondo, mi piace sentirmi turco a Roma e romano a Istanbul.

Istanbul: che in questi giorni cerca una nuova libertà. E mentre gli idranti sgomberano strade e parchi, e i manifestanti stanno in piedi, muti, braccia conserte in mezzo alle piazze, un'altra Istanbul, indifferente, organizza feste sfarzose.

Mi hanno invitato a un party. L'invito arriva, attraverso un comune amico, da una coppia di ricchi industriali interessati a far rivivere il Teatro dell'opera. Sono incuriositi, pare, da me e dal mio lavoro. La moglie è una vera melomane, di quelle che non si perdono una prima della Scala, e non solo per sfoggiare l'ultimo abito firmato. Insomma, è una vera appassionata. Vorrebbero incontrarmi... E dunque, perché no? Si chiamano Sokak. La festa è domani. Ci andrò.

Verso sud

E poi la sera della festa il giardino ha quella lucentezza che c'è solo in primavera, dopo certi temporali. La terra e gli alberi sono ancora bagnati, ma le foglie sembrano nuove, riverberano. Anche il cielo ha una luce gloriosa e una promessa: no, non pioverà.

I motoscafi che portano gli ospiti, dei veri gioielli di lusso e teck, cominciano ad attraccare sul pontile. La villa è grande, ma nascosta dagli alberi: è bianca, e il giardino è a terrazze. Una villa moderna, disegnata forse da un famoso architetto, chissà. Di certo nessuno da fuori potrebbe sospettare tutto lo sfarzo che racchiude: collezioni d'arte, di maioliche antiche dai disegni blu come il cielo sul Bosforo, ma anche opere d'arte contemporanea, sparse, come una strizzata d'occhio, tra le ceramiche e i vasi. E di certo nessuno potrebbe sospettare che dentro questa villa candida e perfetta, con i tappeti morbidi e le lampade di design, ci sia il fantasma di un'altra casa: una di quelle *yali* di legno dove d'inverno ci si riscaldava con il braciere, e dove ci si fermava d'autunno, quando l'aria diventa più fredda, a guardare la luna sul Bosforo e sognare un futuro nuovo per la Turchia. O forse, semplicemente a sognare un amore.

Perché qui c'era una magione di legno con la veranda intagliata, che finì bruciata, come tante, in quegli incendi improvvisi che i bambini di un tempo ricordano ancora, il cuore in gola, fuori di corsa in piena notte con i genitori, la coperta addosso; fuori a guardare l'incendio come uno spettacolo pirotecnico, Istanbul che brucia pezzo per pezzo, e una nuova Istanbul che verrà.

Anna non sa niente di tutto questo, non può saperlo; anche se Istanbul ha cominciato ad amarla, questa città che le sta entrando nella pelle, una boccata d'aria, di ossigeno, il vento tra i capelli. Non è un'invitata, stasera. È qui perché Gül le ha chiesto di dare una mano: il ristorante dove lavora si occupa del catering per la festa. E Anna è vestita di nero, per servire, come una dei tanti camerieri.

Passa tra gli ospiti con un vassoio e pensa che, per la prima volta, partecipa a una festa da una prospettiva diversa: quella di chi porta in tavola il cibo e versa il vino, di chi si muove dietro le quinte. Che strana sensazione, di invisibilità. O forse quello che prova è piuttosto la sensazione di camminare in un'altra dimensione, senza sapere bene dove sta andando. *Displaced*. Disorientata. Che cosa farà, dopo?

È solo un attimo, mentre passa con il vassoio tra i primi ospiti. È solo un attimo, e si sente il fantasma di se stessa. Perché, a prendere in mano un bicchiere, è stato lui, Michele, suo marito, o dovrebbe dire il suo ex marito? Non porta più la fede, com'è ovvio. Perché stupirsi, anche lei del resto l'ha tolta il mattino successivo a quella tragica notte, buttata per terra dopo il suo primo caffè con Murat.

Michele afferra il calice senza guardarla negli occhi: per forza, lei ora è invisibile, una qualsiasi cameriera. Possibile che davvero non la riconosca?

«Vuoi qualcosa da bere?» lo sente sussurrare a una bella donna con i capelli biondi. Riconosce quel suo tono di voce: lo usa quando vuole affascinare un cliente. E la donna sembra davvero affascinata. «Brindiamo.»

Dunque, Michele è qui. Non ha ancora lasciato Istanbul dal giorno dell'incidente? Ma quanto tempo è trascorso? Ad Anna sembra un secolo. Ed Elena, che ne è stato di Elena? Sarà sempre ricoverata in ospedale? Che importa, non voglio farmi più domande, pensa Anna. Non è più il tempo delle domande.

Poi Michele e la donna si allontanano e Anna rimane lì, immobile, il vassoio fermo in mano, neppure un cedimento. Ora lo sa: è finita, finita davvero. Se l'uomo accanto al quale hai dormito per vent'anni, con cui hai diviso letto e sogni, ti passa davanti e non ti riconosce più, allora sei un'altra. In un'altra vita. Per sempre.

Anna torna in cucina e ne esce con un vassoio colmo di altri bicchieri. La sala è illuminata, scintille di luce e di voci, risate, lingue che non conosce, o che ha dimenticato: «Quello che ti voglio dire è in una lingua che non conosco», da dove viene questa frase? Da un libro? Da un film? Forse, anche questa, da altre vite, da uomini che non ha mai conosciuto, o che deve conoscere ancora.

«Posso?» Il ragazzo prende un calice dal suo vassoio e la guarda sorridendo. Possibile? È lui, sembra proprio lui, ma lui è morto, ha visto il suo cadavere in ospedale, ha pianto per il dolore, la paura, lo shock, la vita spezzata davanti ai suoi occhi. Eppure è lui.

«Andrea» mormora, perché forse si sbaglia, forse è solo un sogno, forse è, ancora una volta, lo shock. «Brindiamo, Anna, a tutte le albe che arriveranno» le dice, e a questo punto è sicura che è lui, deve essere lui.

Solo lui amava le albe. «Sono un collezionista di albe,» amava ripetere «il momento più inafferrabile.» Lei no, non le amava; il sorgere del sole è per i sognatori, per chi prende un aereo per partire lontano, per chi torna a casa dopo tutta la notte passata fra altre braccia. Lei, all'alba, è sempre a casa. Era sempre a casa, si corregge. Nell'abbraccio della sua casa, del lavoro, del letto, delle giornate a cui aveva dato una forma precisa, l'unica che la facesse sentire sicura.

«Poi l'ho vista, un'alba, sai?» gli dice. Era l'alba dopo la sua morte, quella in cui il mondo si è capovolto e non è più stato lo stesso. L'alba in cui è uscita dalla stanza del Pera Palace, lasciando dietro di sé la sua vecchia vita.

«Lo so, Anna. C'ero anch'io.»

Com'è possibile? Ma forse tutto è possibile adesso, in questo momento di ritorni impossibili.

È possibile che quell'uomo che la sta osservando insistentemente da lontano, prima intanto che si avvicinava al tavolo del buffet, poi mentre era in piedi accanto alla portafinestra che dà sulla terrazza e lei si faceva largo fra gli ospiti con il vassoio quasi vuoto, quell'uomo sia il regista incontrato sull'aereo per Istanbul. E ora, voltandosi, se lo trova all'improvviso davanti, che le sorride divertito: «Dica la verità, lei non è una cameriera, lei sta recitando una parte...».

«Sta parlando con me?» gli chiede Anna, sorpresa.

«Sì, con lei. Lei è la donna che ho incontrato sull'aereo e che ha raccolto la mia cartolina...» Ed è come se solo mentre lo sta dicendo il regista si rendesse conto che, sì, lei è proprio quella donna. «E forse è sempre lei che ho intravisto, qualche giorno dopo, mentre camminava per strada da sola nel mezzo della notte. Ora ne sono certo: quella donna è lei.»

«Mi ha riconosciuta? Si è ricordato di me?»

«Perché si meraviglia? Pensa davvero di essere dimenticabile?»

Lei tace, imbarazzata: dovrebbe essere lusingata e, invece, è come se si sentisse scoperta. Il regista continua: «E adesso mi chiedo quale sia la sua storia».

«Già. Qual è la mia storia? A volte me lo domando anch'io» risponde Anna, e c'è una nota di amarezza nella sua voce. Poi: «Perché mi sta guardando così?».

«La malinconia che traspare dai suoi occhi mi dice che in questo momento lei si sente sola. Spaventata e sola.» La fissa in volto, un po' azzardando.

«Se lo pensa, significa che ha già conosciuto questa malinconia...»

Il regista tace e d'improvviso rivede gli occhi di sua madre, molti anni fa. Poi, mentre distoglie lo sguardo: «Sono gli occhi di chi ha perso qualcuno e non sa come non perdere anche se stesso dietro quell'assenza».

«Qualcuno che pensavo di avere perduto è ancora qui» lo interrompe Anna, e si volta per cercare Andrea nella stanza. «L'ho appena visto in mezzo a questa gente.»

Il regista si gira, segue il suo sguardo, ma ci sono fantasmi che non tutti possono vedere.

«Era il ragazzo che viaggiava in aereo con noi. È morto il giorno dopo...»

La morte non è la fine delle cose, pensa lui. Non è forse così?

Anna sorride. Lo guarda e prova una inspiegabile tenerezza. Sente che una strana corrente la sta spingendo verso questo sconosciuto. Quest'uomo che non conosce ha capito. E a lui ora potrebbe davvero raccontare tanto. Tutto, forse.

È allora che il regista, quasi le avesse letto nella mente, le toglie di mano il vassoio, lo posa su un tavolo. «Andiamo fuori» le dice, e lei lo segue.

È facile scomparire e far finta di non esserci, sedersi per terra in un angolo, sui gradini della terrazza, dimenticare vassoio, bicchieri, invitati, pensare solo al profumo dei tigli, alla luna sul Bosforo. Così Anna, per la prima volta dopo molti giorni, abbandonandosi ai pensieri, racconta. Gli dice tutto, anche ciò che non ha avuto il coraggio di confessare neppure a se stessa. Parla senza guardarlo, mentre fissa l'acqua e la notte, lontano. Lui la ascolta, in silenzio. Poi le domanda: «E lei, lei come si sente adesso?».

«Lei si sente persa. Si sente persa, e tradita.» E, sempre senza guardarlo, ma la domanda ora è per lui, per quest'uomo di cui non sa nulla, lo sconosciuto che la vita le ha messo davanti, mormora: «E lui come si sente?».

Lui non si aspettava questa domanda, o forse sì. È la domanda a cui sta girando intorno da giorni, e nessuno finora gliel'ha posta così semplice, così diretta. «Lui si sente all'improvviso come svuotato. Si sente stanco.» Ed è come se quella donna avesse gettato un sasso in uno stagno. Perché d'un tratto affiora in lui, insopprimibile, la nostalgia di quello che è stato, lo struggimento degli amori impossibili, l'amarezza dei piccoli tradimenti degli amici, l'ossessione degli squilli di un cellulare che non tace mai, a cui non può e non sa sottrarsi. Si guardano muti, nel silenzio della notte.

«E cosa consiglierebbe a lei?» sussurra Anna. Forse è la prima volta che chiede consiglio a qualcuno, che chiede aiuto a qualcuno.

Lui tace, come smarrito dentro a se stesso. Poi, lentamente, si gira e le sorride: «Le direbbe: parti, vai a sud. Il più a sud possibile. In un posto dove il mare abbia un colore che ti accarezzi e ti faccia bene. In un posto dove ci sia solo una locanda, un ristorante con il pesce appena pescato, un vino bianco senza etichetta che magari sa un po' di resina. Un posto dove sedersi a guardare il tramonto...».

«O magari l'alba» lo interrompe lei, e quasi la vede, questa spiaggia sul mare.

«O magari l'alba. Un posto dove chiudere gli occhi al sole e lasciar parlare il corpo, e ascoltarlo. E fare l'amore con chi hai voglia di fare l'amore.»

«E lui lo conosce, questo posto?»

Lui resta in silenzio qualche istante, poi, guardando lontano verso il Bosforo, risponde, e la risposta, in qualche modo, è anche per sé: «Forse questo posto esiste solo dentro di noi. Ed è lì che dobbiamo provare a cercarlo». Si interrompe. «E se non riusciamo a trovarlo, bisogna inventarlo.» Perché a volte non serve partire, fuggire. Il vero altrove, spesso, è dove già siamo, e possiamo trovarlo solo se abbiamo la forza di affrontarlo. Muoversi da fermi, accettando la realtà. E solo così cambiarla. Muoversi da fermi, o fare le valigie per il mondo. Un passo dopo l'altro.

Poi lui le offre la mano, per aiutarla ad alzarsi. Lei la afferra: è una mano calda e fresca allo stesso tempo, una mano di cui fidarsi in una notte come questa. Perché ci sono notti in cui la vita ci cambia. E questa notte è ancora lunga, e sa ancora di tigli: la notte di Istanbul.

E in questo momento Istanbul è tutti i posti del mondo e

quella di Anna solo una storia fra le tante. E quando trovi il coraggio di raccontarla, la tua storia, tutto cambia. Perché nel momento stesso in cui la vita si fa racconto, il buio si fa luce e la luce ti indica una strada. E adesso lo sai, il posto caldo, il posto al sud sei tu.

I personaggi, le storie, i ricordi che trovate in queste pagine mi frullavano da tempo nella mente.

Grazie alla mia editor Nicoletta Lazzari, che ha saputo con determinazione vincere ogni mia ritrosia e convincermi a dar loro forma sulla carta.

Grazie a Lisa Corva, che mi ha accompagnato, con pazienza, in questo inatteso viaggio nella scrittura.

Leggere, confrontarsi, correggere, integrare, noi tre insieme, è stata un'esperienza davvero fondamentale e stimolante.

Grazie a Moira Mazzantini, che c'è sempre, da vent'anni.

Grazie a Valter, che ha saputo farmi conoscere e amare Roma.

Grazie a Gianni, che riesce sempre a darmi i suggerimenti giusti.

E soprattutto grazie a parenti, amici e sconosciuti a cui ho rubato, come spesso accade, un pezzetto della loro vita per provare a raccontare, ancora una volta, la vita.

Indice